ON THE ROAD AGAIN: WHY WE TRAVEL

NewPhilosopher

新哲人

04

旅行之必要

澳大利亚新哲人编辑部　编著
宋晓钰　陈笑成　译

中信出版集团 | 北京

图书在版编目（CIP）数据

新哲人．4，旅行之必要 / 澳大利亚新哲人编辑部编著；宋晓钰，陈笑成译．-- 北京：中信出版社，2022.8（2026.1重印）

书名原文：New Philosopher Travel: the great escape

ISBN 978-7-5217-4392-0

Ⅰ．①新… Ⅱ．①澳… ②宋… ③陈… Ⅲ．①哲学－研究－世界Ⅳ．①B1

中国版本图书馆 CIP 数据核字 (2022) 第 080459 号

新哲人 04：旅行之必要

编　　著：澳大利亚新哲人编辑部

译　　者：宋晓钰　陈笑成

出版发行：中信出版集团股份有限公司

（北京市朝阳区东三环北路27号嘉铭中心　　邮编　100020）

承 印 者：北京启航东方印刷有限公司

开　　本：787mm×1092mm　1/16　　印　　张：8.5　　字　　数：161 千字

版　　次：2022 年 8 月第 1 版　　印　　次：2026 年1月第11次印刷

书　　号：ISBN 978-7-5217-4392-0

定　　价：59.00 元

选题策划　心码文化

出 版 人　山　海　曹萌瑶

中文主编　姜宇辉

策划编辑　蒲晓天

特约编辑　张　艳　姜雪梅　宋笑宇

责任编辑　曹萌瑶

营销编辑　张　璇　王诗云

装帧设计　李　一

| 序言 |

身之所向，心未必至

姜宇辉

华东师范大学哲学系教授
《新哲人》中文版主编

在写这篇发刊词的时候，我的心情着实是有些压抑乃至沮丧的。上海疫情持续一个多月了，大家都隔离在家，心中淤积着各种焦虑乃至愤懑，但同样也积聚着对于未来的希望和憧憬。当下是晦暗的，但明天毕竟还是值得期待的。疫情总会过去，我们总会再度步入斗室之外的辽阔世界，探索时空，沟通彼此。旅行，似乎是解封之后的人们首先期待去做的事情。

但希望果真会如期到来吗？世界仍然会那般美好吗？疫情会过去，没错，但只是“这一波”。当我们再度拥抱阳光，呼吸新鲜空气之际，或许“下一波”的疫情已经带着未知的力量隐现在地平线处。从贝克到卢曼，已经有众多思想家提醒我们，这是一个日渐深陷于风险和危机之中的世界。那么，在这样一个世界之中，旅行或许早已不单纯是休闲或娱乐，而更体现出生存上的更深的哲学。

那就先从旅行本身说起，看看从哲学上可以怎样进行分析和描述。随后再进入更为令人关心乃至揪心的问题：为何旅行？如何旅行？

大致概括起来，旅行无非展现出三个形态分明但又彼此相关的方面，那正是身体、心灵和虚拟。先说身体之旅。这既是最为常见的旅行方式，也最容易为大家所理解，所以不妨作为阐释的入口。旅行是什么？很多人可能随口就会给出一个回答：“那就是出去玩呗！”没错，旅行的第一个基本的、通常的含义就是离开自己所生活工作的地方，去另外一个地方放松身心。从家走到商场去吃顿烧烤，没人会把这称作“旅行”，这并不只是一个距离远近的问题，而更是因为，你并没有离开熟悉的环境。你并没离开“这里”，前往“那里”和“别处”。这样看来，大家之所以如此向往旅行，并非只因为它能够活动筋骨，而更是因为它为朝九晚五的日常生活提供了一种仪式感，在重复的生活节奏之中打开了另外一个时空、另外一种可能。辛勤工作了一周，总要在周末去别处逛逛走走，这也是为了给自己的生活一个交待：我总还是将某种程度上的自由掌控在自己的手中。每个人都还可以改变他自己，哪怕仅仅是背上背包、踏上旅程这么一个看似微小的选择。

再进一步想的话，那么这种改变生活甚至改变自我的生活仪式就展现出更深的意味了，因为它不再仅涉及身体在空间之中的移动，不仅是从一个地方到另一个地方，而更涉及精神的向度、心灵的体验。很多旅行之所以单调乏味，正是因为虽然它们将我们疲惫的身体带向了未知的环境和场所，却并没有对心灵和自我形成任何实质性的改变。到了新的景区，如果你还是在重复日常生活的步调的话，如果你只是换了个地方吃饭睡觉打怪刷微信的话，那么这个旅行就没有真正、充分展现出其“在别处”的潜能。

旅行必然是身先动，但随之，心也要动起来，进入一段富有趣味和意味的旅程。身心之关系这个古老而又常新的哲学主题，在旅行这个大家喜闻乐见的生活形式之中再度展现出复杂的形态。在旅程之中，有人是身心二元论者（dualist），身虽动，心却未行，因而也就一路都做了观光客，在穿行美景的过程之中只是锻炼了身体。还有人是观念论者（idealist），将心灵的体验奉为首位，因此，哪怕风景并不出彩，旅程并不丰富，他们也会“借景生情”，在其中生发出很多诗意和哲理。或许也正是因此，很多艺术家和哲学家都会将强调心灵之旅优于、高于肉身之动。

讲个段子。比如，你为了准备一场去日本的旅行，在自己的书房里做足了功课，收集研读了大量关于日本的文献资料。然后你突然发现，其实根本不需要舟车劳顿，亲身前往了，因为那浩如烟海的游记、哲学与艺术，早已让你从精神上感悟到了一个远比“亲眼所见”更为丰富而深邃的日本。有哲学家就曾打趣说，什么是滑雪？无非就是从山下千辛万苦地爬到山上然后再下来。既然如此，为什么不留在原地读一本好书呢？中国山水画传统中的所谓“卧游”，或许正是此种心灵之旅在审美上的极致体验。当然，精神旅行肯定会给身体带来诸多消极影响，所以建议大家还是身心平行论（parallelism）一点，内外兼修，德智体全面发展吧。

段子讲完了，但里面还有一点余味有待细品。这就涉及旅行的身心关系的另一种更接地气的版本，那正是功能主义（functionalism）。功能主义将心灵及其活动设想为一种相对独立于物质载体的“功能”。如此看来，无论是身动还是心动似乎都还概括不了旅行的全貌，因为有一种旅行，尤其是数字和网络时代的旅行，鲜明呈现出功能主义的意味。既然旅行的真意就是改变生活的既定轨迹，进而获得更为新鲜的感官享受和自我感悟，那么这个基本的“功能”就既可以在现实的时空中实现，也可以且理当能在虚拟的网络之中展开。

当现实中的旅行成本越来越高，阻碍越来越大的时候，大家会迫不得已地转向在网络空间进行“补偿性”或“辅助性”的虚拟旅行。之所以说“补偿性”，是因为它毕竟只是一种权宜之计，无法彻底取代忘情山水之中的真实游历。之所以说“辅助性”，无非是说，虚拟的维度为现实的旅行增添了很多本来没有的乐趣。有了GPS导航，你可以更信马由缰地四处探险，有了社交媒体，你可以随时随手随心地跟家人朋友分享自己的美图和感悟。

但虚拟和现实之间并不可能总是这样相安无事，彼此互补。或许正相反。随着数字技术的加速发展，网络化以及游戏化的全面蔓延，虚拟的旅行正日渐从补偿变成主流，从辅助变成主导，甚至从边缘变成中心。当整个世界日趋彻底而失控地坠入数字元宇宙之际，虚拟的旅行不仅越来越变成问题，甚至越来越成为症结。它是问题，因为它会让我们质疑旅行本身的意义。

古人将“读万卷书，行万里路”当作人生必备的历炼，哲学家会将从洞穴到光明的“心路历程”视为实现生命本质的必行之途，那么虚拟旅行的本意到底是什么呢？它到底又能够给“后人类”们带来何种实质性的提升和改变呢？如果我只是瘫在沙发里，喝着可乐，嚼着零食，仅动用几个手指在虚拟空间里上天入地，云游诸界，那么我到底是动还是静呢？我到底是身在动，还是心在动，还是身和心其实都全然未动，动的只有屏幕上的声像、数字空间里面的代码？

美国著名社会学家肯尼思·格根（Kenneth J. Gergen）曾提出“关系性自我”这个概念，指出自我其实就是各种各样的关系的动态聚合。他更是将横跨现实和虚拟世界的人类的生存形态生动概括为“不在场之在场（absent presence）”：身虽在场，但心不在，因为它早已进入另一个虚拟的世界之中逍遥自在，再也不受生理和物理法则的任何束缚。既然自我就是一束关系，或一束束关系，那么穿行于现实和虚拟的世界，不断拓展自我，扮演自我，甚至改变自我，这本来就是题中之义，根本无需焦虑甚至恐慌。自我不是一个内在的封闭堡垒，而是一个无限延展又无尽编织的网络。

既然如此，那么网络空间难道不是更好地实现了旅行的本意？它避开了艰辛的旅途，减免了不必要的开销，却同样实现了心灵之旅的真意，那正是通过旅行这样一个仪式化的过程来体验自由，改变自我。虚拟旅行，或许远非现实旅行的补偿或替代，而更是足以作为旅行这个人类重要的生存活动和文化现象的“原型（model）”。这正如电子游戏兴起之后，我们恍然大悟，原来人类艺术的本质既非写实亦非写意，而更是且向来是营造出一个兼具沉浸感和互动性的虚拟时空。同样，当我们越来越惯于用手指而非肉身来旅行之际，或许反而会逐渐领悟一个哲理：旅行，从来都不只是肉身之事，更是关乎心灵、自我之事。

然而，写到这里，耳畔又响起小区里召唤人们去做核酸的喇叭声，这一番“飘飘何所似，虚拟一旅人”的洒脱也瞬间平添了几分沉重之感。没错，虚拟的旅行或许更接近旅行的本意，但它仍然暴露出这个时代的一个顽疾，那正是自恋与孤独这一对相伴而生的症候。确实，虚拟的旅行能够相当完美地实现跨时空的自我叙事这个要旨，但这究竟是怎样一种叙事呢？在现实的旅行和真实的人生之中，每个人都既是主角又是作者，既是剧本的创作者，同时又在亲力亲为地表演其中的每一个场景。但在虚拟世界之中则显然不同。在一个个数字的场景之中，在一次次游戏的冒险之中，我们至多只是玩家，而根本不是作者，甚至连演员都算不上。换言之，虽然虚拟的旅行可以任由我们换装和捏脸，甚至随心所欲地进入任何一段人生的旅程，但在那一张张数字的面具背后，一个个数字的“化身（avatar）”之后，唯有无尽的自我的空洞乃至黑洞。

虚拟的旅行让我们愈发自恋，愈发沉迷于数字网络所展现出的各种极具诱惑的塑造自我的可能，但代价则是让我们一遍遍地更深地陷入到孤苦无依的境地之中。在此时此刻的上海，我似乎更强烈地体会到这样一种彷徨与不安。也许，旅行真的不该只是一场虚拟的游戏，而应该是脚踏大地、直面自我的历程。当现实世界的风险和危机越来越将我们封闭在虚拟的幻境和梦境之中时，就更需要一场如今尤为珍贵的真实旅行来唤醒真实的自我，重建这个正在濒临崩溃的世界。

04 卷首语

旅行者是主动的，他努力地在旅途中结交朋友，追求冒险，享受体验。但旅行者也是被动的，他期待有趣的事情能够找上他。

——

丹尼尔·丁.布尔斯廷

旅行

世界上的每一个角落都被我们人类绘制成地图、拍照、记录、描述、评论、评分、标记，变成大同小异的目的地——我们这些衣着华丽、不请自来的人在寻找着“旅行体验”——久而久之，已经没有什么新东西留给我们去发现了。我们也从旅行者变成游客。

在旅行前就做好攻略的人也是如此：通常我们在订票之前就已经看到或听说我们要去的地方。我们已经对这个地方、这里的人，以及我们的“旅行”将会是什么样子、一路上会经历什么有了预判。

还不错的是，现在有很多这种类型的旅行，带着点异国情调，也隐隐透露一些冒险意味。

你可以足不出户，或者哪怕只是出门一会儿，就能带着全新的视角、全新的想法回家，再不济，也能带回来一两件小饰品和一两个可供分享的小故事。

但是，别忘了，“旅行俱乐部”的成员资格是与生俱来的。不是其中一员的人往往只能被困在家里。有机会旅行的人应该感谢的是他们的幸运，而不是他们的旅行技能。

作为拥有这种机会的人，我们也应该承担起相应的责任。什么责任呢？就是问问我们自己：我们到底应当怎样旅行？

赞·博格 |《新哲人》主编

目录
Travel

撰稿人

DBC 皮埃尔

处女作《维农少年》获得了2003年的布克奖和惠特贝瑞图书奖（现科斯塔图书奖）的“最佳初作”奖项，这也是此二奖项首次授予同一本书。DBC 皮埃尔还著有《柳德米拉的蹩脚英文》、短篇小说集《仙境灯火暗》和中篇小说《与波吉亚家族共进早餐》。他曾经获得都柏林大学文史学会颁发的詹姆斯・乔伊斯奖。

彼得・辛格

普林斯顿大学生物伦理学教授，墨尔本大学应用哲学与公共伦理学中心桂冠教授。他著有《我们如何生活》《你能拯救的生命》《你能做的最好的事》。2012年由于对哲学和生命伦理学的贡献，他被授予澳大利亚勋章。2006年，他被评选为“澳大利亚十大最有影响力的公共知识分子”之一。

安东尼娅・凯斯

《新哲人》文学编辑、《女人》编辑，哲学讨论系列“光明思维”的共同创始人。同时，她也是一位屡获殊荣的作家和记者。荣获2014年“澳大拉西亚*哲学协会媒体专业者奖”，2016年和2017年入选国际书架奖的“年度编辑”，2016年被选为布里斯班作家节的“常驻哲学家”。

奈吉尔・沃伯顿

自由哲学家、播客主持、作家，《新哲人》特约编辑，“一口哲学”（Philosophy Bites）播客节目的主持人，曾任开放大学哲学高级讲师和诺丁汉大学哲学讲师，被誉为“我们这个时代最受欢迎的科普哲学家之一”。他的著作包括《哲学小史：西方哲学四十讲》、《从A到Z的思维》和《从〈理想国〉到〈正义论〉：轻松读懂27部西方哲学经典》。

达蒙・扬

哲学家和作家，墨尔本大学的荣誉研究员，也是2013年“澳大拉西亚哲学协会媒体奖”的得主。他的著作包括《如何思考健身》、《阅读的艺术》和《分散注意力》等，以及一些短篇小说、诗歌和儿童图书。他是澳大利亚广播公司的固定电台嘉宾，并为《时代》、《卫报》和《澳大利亚人》等报刊撰稿。

帕特里克・斯托克斯

迪肯大学（墨尔本校区）哲学讲师，专门研究19世纪和20世纪的欧洲哲学、个人身份、叙事自我、道德心理学以及死亡与纪念哲学。他尤为关注的话题是构建克尔凯郭尔（丹麦哲学家、神学家，被视作存在主义的创立者）与研究个人身份和道德心理学方向的当代分析哲学之间的桥梁，使二者进行对话。他曾荣获2014年“澳大拉西亚哲学协会媒体奖”。

* 系澳大利亚、新西兰及附近南太平洋诸岛的统称。——编者注

汤姆·查特菲尔德

英国作家和科技哲学家。他有6本关于数字时代文化的著作，包括《网络词源学》和《如何在数字时代蓬勃发展》等。他巡游全球，在技术、艺术和媒体领域发表演讲。他曾是英国广播公司全球技术站点“BBC未来”创立初期的专栏作家，现在是英国《前景》杂志的编辑、牛津大学互联网研究院的客座研究员，也是伦敦大学学院全球治理研究院的高级专家。

奥利弗·波克曼

一名常驻纽约的作家，外国新闻协会的“年度青年记者”，曾入围2006年奥威尔奖。他的著作包括《救我！论如何快乐而高效地生活》和《灵药：悲观之人值得的幸福》。这些作品探索了消极性、不确定性、失败与不完美的积极作用。

保罗·比格勒

人类生命伦理学中心的助理研究员。近来，他在澳大利亚研究委员会的一个名为“药物营销中潜在的说服性”的项目中担任博士后研究员和首席调研员。他著有《抑郁症的伦理治疗：通过心理疗法建立自主性》一书，并凭借此书获得了澳大利亚博物馆颁发的尤里卡伦理研究奖。比格勒同时也获得2012年“澳大拉西亚哲学协会媒体奖”。

罗素·布莱克福德

澳大利亚作家和哲学家。布莱克福德是纽卡斯尔大学人文与社会科学学院的联合讲师，也是《进化与技术期刊》的主编。他拥有文学和法律荣誉学位，生物伦理学硕士学位，以及文学与哲学双博士学位。著有包括《宗教自由》和《世俗国家》在内的多部著作。

弗洛拉·S.迈克尔斯

拥有工商管理硕士学位，她著书探讨宏大的思想、文化、创造力和复杂系统的相互作用。她是《单一文化：一个故事如何改变一切》一书的作者，该书凭借对公共话语批判性分析的杰出贡献而获得了2011年奥威尔奖，也被选为2011年《大西洋月刊》的11本最佳心理学书籍之一。

迈克尔·D.杰克逊

迈克尔·D.杰克逊是新西兰诗人和人类学家。他曾在梅西大学、澳大利亚国立大学、印第安纳大学布鲁明顿分校和哥本哈根大学任教。1981年，他的诗作获得了新西兰图书奖。杰克逊拥有奥克兰大学文学硕士学位，剑桥大学哲学博士学位，目前是哈佛大学神学院世界宗教领域的特聘教授。

航空旅行粗暴地把我们从冰雪和寒冷中剥离出来，并在同一天扔进热带的火焰中。我们揉着眼睛，还没适应过来，就突然发现自己已经置身潮湿的地狱，随即开始出汗。

雷沙德 · 卡普钦斯基
摘自《太阳的影子》

乌有乡消息

定格时光

许多伟大的艺术家都是旅行家。高更前往马提尼克岛和塔希提岛寻找创作灵感；凡·高走遍了欧洲各地；而玛格丽特·普雷斯顿直到环游多国回到故乡澳大利亚后，才发现看待艺术的多重视角。

创意都源自以新颖的方式去体验世界。而通过旅行达成这一目标可以说是再好不过了——当然，前提是你把相机留在家里。

苏珊·桑塔格在她的《论摄影》中指出，人们总是一走出舒适区，就想拿起相机拍照，但是这并不是一个好习惯。“总有人后悔自己没能用相机捕捉旅行中的一些美好瞬间。相机对世界的美化是如此成功，以至照片，而不是这个真实的世界，成了美的准绳。”

桑塔格认为，摄影是一种对生活本身的拒绝，它将生命体验局限于拍出好照片这一单一目的。

事实上，如今已经很少有人会抬头仰望埃菲尔铁塔高大的身影，并为之配一段音乐，写几节诗，画一幅素描，或是写一篇日记。相反，在相机镜头的范围内，我们定好目标，然后按下快门。我们看似将一个场景成功地定格在时间里，却永远失去了一个体验的瞬间、一次成长的机会。

作品 |《兰明号》　摄影 | 马塞尔·克罗泽

道路规则

荷兰耶稣会神父费迪南德·韦尔比斯特在一生中取得了很多成就，包括预测日食和月食，校正中国历法和建造北京古观象台等。但更值得一提的是，他在1672年按比例设计了一个手推车模型——一个为中国皇帝设计的玩具。

这个手推车模型只有65厘米长，后轮绕着一个开放的蒸汽涡轮机转动。韦尔比斯特神父称他的微型手推车为“汽车”。340多年很快过去了。仅2015年一年，就有大约7 400万辆经典款现代汽车在全世界各地销售，如越野车、货车、敞篷车和多人运输车等。这位耶稣会传教士不会知道，汽车和它行驶的道路，在未来都将成为神圣不可侵犯之物。

我们就像迷宫里的老鼠一样，沿着这些网格状的通道移动，它们能决定我们去哪里，什么时候应该停下来往回走，以及按照什么速度行进。无处不在的网格和尾气都在不断地提醒我们——逃离这些桎梏是没有希望的。除去路怒症的情况，多数时候，人们似乎接受了被这些网格限制的命运。

有些人甚至已经渐渐爱上了这迷宫般的道路。新建的高速公路被认为是进步与效率的体现，然而坑坑洼洼的老路被当作浪费纳税人资金的证据。毫无缝隙的平滑沥青，环形交叉路口和下匝道，都标志着21世纪社会的成就，如同韦尔比斯特所处时代天文学和哲学的进步。

据地球政策研究所估计，目前光美国就铺设了长度能沿赤道绕地球157圈多的公路。“每五辆汽车加入美国车队，一个足球场那么大的区域就会被沥青覆盖。”通常，平坦、排水好、最适宜种植粮食的土地都会被用于修建公路。但一旦这些土地被沥青覆盖，就不能再用于农业耕作了。如同环保主义者鲁伯特·卡特勒所说，“沥青是世界上最后的庄稼”。

在2035年以前，全世界可以上路行驶的交通工具数量将增长一倍，达到17亿辆之多。

2015年，有120万人死于交通事故。交通事故已经成为15~29岁人群的第一大的死亡原因。

2015年，大约有5 000万人在交通事故中受伤。

在未来十几年内，新制造的汽车将会超过过去110年内的汽车数量。

全球温室气体排放的15%来自交通系统。

1990—2015年全球汽车销量

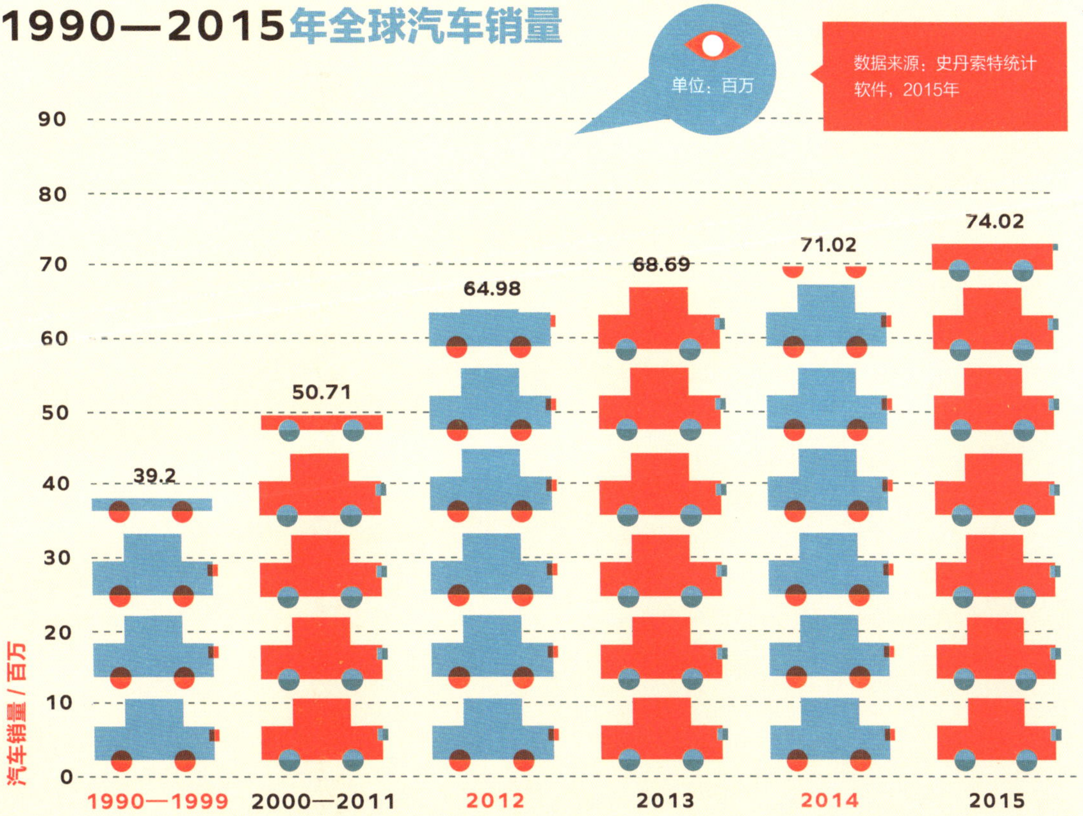

2012年全球十大致死原因

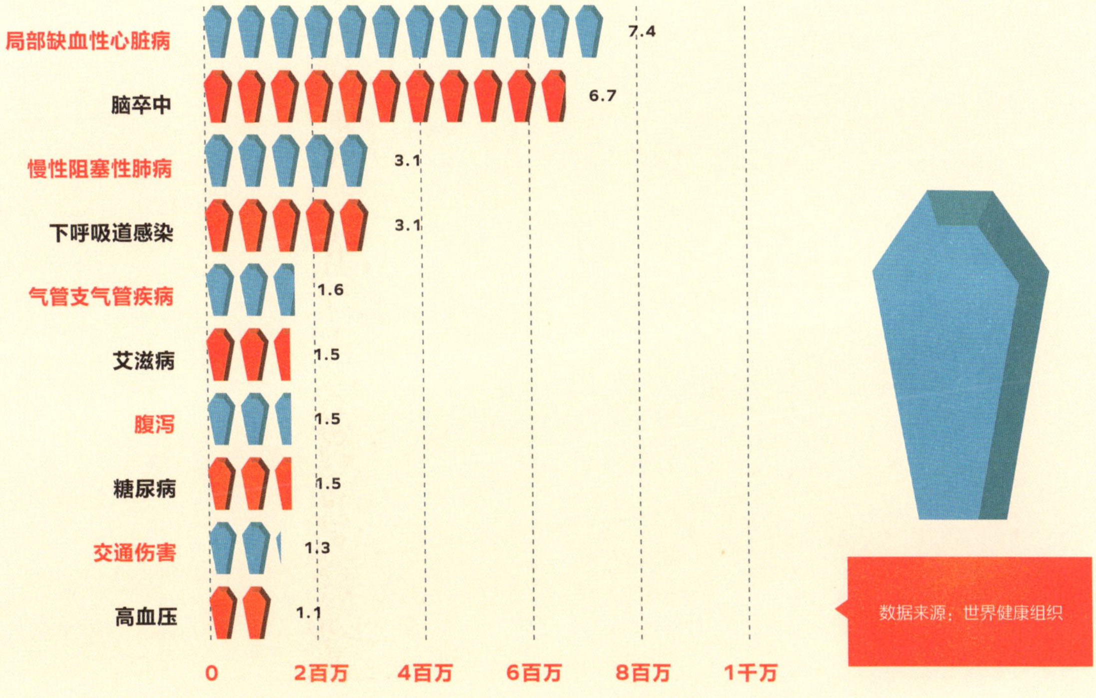

极度无聊

如今已很少有人有空感到无聊。在这样一个被即时通信和电子屏幕覆盖的时代中，无聊几乎已经被扔进了历史的垃圾箱。你可能早已度过了你最后的无聊时刻。

1924年，德国社会学家齐格弗里德·克拉考尔对人们丧失了极度无聊这一事实表示遗憾，他认为这也标志着人们丧失了自我。沉浸在自己的思绪里——在火车站闲逛，或者最好待在家里，拉上窗帘，坐在沙发上任凭自己被无聊吞噬——不，没有人有时间再这样做了。他写道："这个世界让人无法找到自我。"

克拉考尔抱怨，工作和城市生活的忙碌与喧嚣共同驱除了我们生活中的无聊。他写道，我们不能做到在街上闲逛而不被"从自己的空虚中驱赶到外界的广告里"。

克拉考尔还写道；"就算灵魂偶然在某个时刻回来，它也会很快离开，被电影院里形形色色的骗局拐跑。"广告会突然填满我们脑海中的空白，把无助的我们拖到屏幕前。"然后这些图像开始一个个地闪现、渐出，除幻灭之外，这个世界一无所有。我们呆呆地看着，逐渐忘记了自我。"

收音机同样让人迷失。"人们会发现自己永远处于一种接受的状态，脑海里满是伦敦、埃菲尔铁塔和柏林。"人们没能与它们对话，相反，无聊的时候总有一些声音见缝插针地闯入，一个人仿佛"成了全世界噪声的游乐场"。

如今，很少有地方允许无聊存在。甚至我们的思想也被劫持了。"沉默而毫无生气，人们肩并肩地坐着，他们的灵魂在远方游荡"，克拉考尔写道，"但这些灵魂并不是按照他们自己的喜好游荡，而是被头条新闻死死纠缠着。"无处不在的抽象网络不允许一个人只是安静地待着。

我们需要活在当下，需要培养自己的极度无聊感。克拉考尔提出，为了得到满足，我们应当什么都不做，而只做自己，我们理应不知道我们该做什么。有了耐心——那种对合理的无聊特有的耐心——我们就会得到相应的回报。"一个人会体验到一种近乎超凡脱俗的幸福。"他写道。

我常常觉得需要到某个遥远的地方，才能找到真正的自己。这种想法其实并不奇怪。脱离你熟悉的环境、你的朋友、日常琐事、装满了食物的冰箱和塞满了衣服的衣柜，离开一切，你会直接被抛入一种全新的体验中。这种直接的体验不可避免地会让你关注体验的主体。哪怕这种体验有时会让人不舒服，但总能让人精力充沛。

我最终意识到，直接体验才是我可以拥有的最有价值的体验。西方人被各种思想包围着，被各种各样的观点、概念和信息结构狂轰滥炸，以至于如果不把这些过度的干预过滤掉，人们就很难真正体验任何东西。而自然世界——我们直接见解的传统来源——正在迅速消失。现代城市居民甚至在晚上都看不见星星。以前，每24小时，广袤的星空就会提醒人们宇宙之大，人类之渺小。然而如今，连这种含蓄的提醒都不再有了。也难怪人们会迷失方向，不知道自己到底是谁，也不知道自己到底为什么而活。

——米歇尔·克莱顿

沃尔特·理查德·西克特，《厌倦》，1917年

自我的旅行地图

对一些人来说，旅行仅仅是一个严格的旅行计划和完成这一计划的过程。

心理学家卡尔·罗杰斯认为，我们的人生旅程也一样，我们计划到达某些自己设定的目的地，但人生注定让人失望。

我们常常把目标定为能好好自我调整、自我平衡、快乐生活，或是获得成功、声名远扬，并为实现这些目标努力。然而，在大多数情况下，现实并不尽如人意。罗杰斯认为，我们可能更适合作为勇敢的旅行者，去追求更加开放和灵活的旅程。我们或许可以把自我看作一条由无尽的飞行路线和目的地组成的开放旅程——自我是流动的、不断进化的、永远变化的——得到好的心理健康状态也由此成为一个过程、一段旅途，而不是一种一成不变的固定状态。

罗杰斯对美好生活的建议是，放弃为行动与感受设定的计划和固定程序，转而自由地朝任何方向前进。用体验来塑造自我。

摄影 | 埃斯马尔·阿卜杜勒哈米德

人类缺陷词汇表

低自尊	压抑
抑郁	筋疲力尽
压力大	偏执
强迫症	中年危机
身份认同危机	焦虑
反社会人格	偷窃癖
创伤后应激障碍	窥阴癖

这些都是心理健康行业的专业人士和重要的公共部门在谈论自我时常用的术语。这些词语有两个特别值得注意的特征。首先，这些术语都是在21世纪才开始被普遍使用的（甚至有几个是在过去十年内才开始被使用的）。其次，它们都是与某种心理缺陷有关的术语。它们剥夺人的尊严，把关注点聚焦到问题、缺点或无能上。更广义地说，21世纪以来，关于人类缺陷的词汇经历了巨大的膨胀。我们有数不清的方法找出自己和他人身上的缺陷，这些方法甚至是我们的曾祖父那一辈人难以想象的，更不用说在此之前的人了。从各种意义上讲，关于缺陷的术语的急剧增加可以归因于我们对现代人类行为特征的“科学化”。当精神病学家和心理学家试图解释人们的异常行为时，他们就创造了一些关于缺陷的术语。

肯尼思·格根，《饱和的自我》(1991年)

室内旅行

室内旅行是法国作家泽维尔·德·梅斯特提出的一种旅行方式。这是一种纯粹的意识上的放纵，能把人们从旅行的众多不便中解脱出来，如开销、反复无常的天气、漫长的等待、可怕的服务，还有硬邦邦的床。“你所需要的仅仅是一个藏身之所，一个在你从这个世界上撤退后还能容纳你的地方。”德·梅斯特在他1794年出版的旅行回忆录《绕着我的房间航行》（*Voyage Around My Room*）中写道。由于在都灵决斗，德·梅斯特被软禁在自己的卧室里长达42天。然而他在这42天中完成了一次旅行。他写道：“这是一次既不花时间也不花钱的愉快旅行。”

旅行的需求往往暗含着逃避的欲望。通过起飞、上路，我们抛下了日常生活中很多困扰我们的东西——尖酸刻薄的朋友、阴暗的思想和被轻视的爱。但是，正如德·梅斯特所说，这都可以在卧室这方天地内轻松实现。

即使旅行的欲望只是移动，室内旅行也可以满足这一要求，尽管规模较小。德·梅斯特写道：“当我在房间旅行时，我很少保持直线移动。我从桌子边走到一幅放在角落里的画前。从那里，我斜着向门口走去。然后，虽然我原本打算回到桌子旁，但是，如果我碰巧在半路碰上我的扶手椅，我就会立刻毫不客气地在那里停下来。”

德·梅斯特解释道，如果说旅行的乐趣在于重新看世界，那么只要我们努力，在房间里也能做到这一点。“当我往北走，我的床就会映入眼帘。它在我房间的尽头，充当一抹最宜人的远景。那地方很舒适，清晨的第一束阳光会在窗帘上闪动。晴朗的夏天，每当太阳升起，我就会看见光沿着白色的墙壁缓缓爬动。窗户对面的榆树把光分成成千上万的光斑，它们在我的床上跳舞，反射出玫瑰色和白色，把周遭染上迷人的颜色。”

也许传统的旅行是一个比较容易的选择，是一条逃离生活的路线，不需要我们过多地努力，只需要跟着直觉，看冒险会把我们带到哪里，就像等待某种物质的效用开始发挥一样。而室内旅行则需要更多的意志力、想象力和创造力。能在平凡的生活中看到新奇和新意，或许也是一个人需要经历的最重要的旅程。

ZAMBIA IMMIGRATION
KAZUNGULA BORDER CONTROL
ENTRY
17 NOV 2005
VISITOR'S ENTRY PERMIT
VISAS
ENTRY STAMP
IMMIGRATION OFFICER
ARRIVAL 214
06 NOV 2005
provided passport remains valid
ZAMBIA IMMIGRATION
23 NOV 2005
DISTRICT CONTROL OFFICE
IMMIGRATION OFFICER
DEPARTURE 272
REPUBLIC OF BOTSWANA
This passport contains 48 pages.
Ce passeport contient 48 pages.
09 DEC 2005
REPUBLIC OF BOTSWANA
IMMIGRATION OFFICER
DEPARTURE 221
DEC 2005
REPUBLIC OF BOTSWANA
Ce passeport contient 48 pages.
This passport contains 48 pages.

善行无辙迹。

老子

旅行的身份

安东尼娅·凯斯

在过去的十几年里，斯科特曾前往泰国、尼泊尔、柬埔寨和其他亚洲国家度假。他着魔似的到处寻找新的风景。刚结束一段旅行不久，他就已在停机坪上系好安全带，准备再次起飞。

斯科特的父母本来没太关注儿子的海外旅行，直到有一天偶然发现了他的社交媒体主页和最新的个人资料照片。斯科特的朋友给他的新头像点赞并留言，但留言内容无外乎“袍子不错”和“你头发怎么了”之类的。斯科特的父母对此感到十分不解。

在《傻子出国记》一书中，马克·吐温讽刺了一个敏感的旅行者，他穿着奇怪的外国服装回到自己的家乡，却不能正确地念出自己的名字。他写道：“温文尔雅的读者永远不会知道自己会成为一头多么彻头彻尾的蠢驴，除非他出国。”马克·吐温认为，我们对旅行的渴望很大程度上是出于自己微不足道的胜负心，“我们希望了解不同国家各类新鲜稀奇的生活方式，回到家乡后就可以用它们‘炫耀一下’，让人们大吃一惊”。

如今，像斯科特这样的人已经不那么罕见了。前一个月他们可能还是保险销售员，下一个月就是佛教徒了。我最近遇到了一个在澳大利亚出生和长大的年轻女人，她不仅在离开故土一年后拥有了法国女演员一样的着装和举止，还拥有了与之相配的口音。

人们常常嘲笑这种行为是虚伪的，就好像做演员一样虚伪，是一种用于暂时掩盖真实自我的伪装。但是心理学教授肯尼思·格根却认为这种自我膨胀在后现代社会非常普遍：“当我们意识到个人身份可以被无限创造和再创造时，我们对本质自我的信念就会被侵蚀。”

格根在《饱和的自我》一书中写道："在传统社会中，人际关系是可靠的、持续的、面对面的，人们倾向于拥有一种坚定的自我意识。一个人的个人认同感往往会得到周围人广泛且持续的支持。此外，人们对'正确'和'错误'行为的判断也有很强的一致性。一个人可以简单地、自觉地成为他应该成为的人，因为几乎没有其他的选项。"

旅行和通信行业的技术发展，如铁路、电话、无线电广播、电影、书籍，以及近来的互联网等，都大大扩展了我们与世界上其他人的联系，从思想、存在方式到衣着、举止、声音、行动乃至信仰体系等。如今，东方哲学家、爱尔兰高尔夫球手、华尔街股票经纪人、隔壁的珍妮、俄罗斯农民……互相都可以取得联系。

"新兴技术让我们被各种人的声音淹没——既和谐又格格不入，"格根写道，"这些人际联系将我们拉向无数个方向，邀请我们扮演各种各样的角色，以至完全可知的'真实自我'已经从我们的视野中消失了。拥有过度饱和的自我意味着没有自我。"

格根认为，随着社会的饱和，我们每个人都开始拥有巨大的潜力。"所有的自我都潜伏着，在适当的条件下，它们就会焕发活力。"

但是这些"他者"究竟在何种程度上影响我们的自我塑造呢？新闻热点、名人和昨晚电影里的连环杀手真的能影响我们的自我吗？

社会心理学家玛丽·格根要求一组大学生完成一项题为"记住他人"的调查。调查问卷要求学生说出在日常活动中会映入他们脑海的三个人的名字，也就是想象他们与一个真实的或虚构的人（后者被玛丽·格根称为"社会幽灵"）的互动。

"许多发展和临床心理学家都认为，只有那些对自己的社会生活非常不满的人，以及那些在智力或情感上有缺陷、不成熟的人，才会拥有与虚拟人物互动的经历。"玛丽·格根在《心理学中的女性主义重建：叙事、性别和表现》一书中写道。人们认为，正常人不会与内心的声音进行基于想象的互动。

在这些受访者并不认识的著名“社会幽灵”中，80%被选择互动的人是艺人。

调查结果却与人们的想法恰好相反：在接受调查的76名大学生中，75人都承认自己想象过与至少一个人互动。“大多数受访者写了三段这样的互动经历……有些人的经历甚至超过三段。”玛丽·格根写道。

那么，这些充斥大学生内心世界的“社会幽灵”到底是些什么人呢？根据调查，他们大多是老朋友、家庭成员或是曾经的老师。但有29%的学生表示，他们还和在现实生活中素未谋面的人，如名人、虚构的人物和宗教人物等，有过内心的交流。她写道：“在这些受访者并不认识的著名‘社会幽灵’中，80%被选择互动的人是艺人。”学生透露，持续想象与这些“摇滚明星”或“名人”互动会改变他们现有的信念和价值观。

这项调查的结果表明，书籍、电影、电视和互联网上的人物性格能以深刻的方式塑造自我。电影、电视制片人制造愉悦，小说家带来启发，媒体人向人们揭露一切，凡此种种，都在改变我们熟悉的生活模式。正如西班牙哲学家何塞·奥特加·伊·加塞特曾说：“告诉我你在关注什么，我就会告诉你你是谁。”

现在，让我们回到斯科特的问题上。他的体内隐藏着哪些自我？如果我们走进斯科特的脑海，我们一定会认出一些熟悉的场景和面孔：游戏节目主持人、情景喜剧、J. D. 塞林格、新闻头条、《蒙娜丽莎》、“猫王”、体育明星、电影里街区爆炸的场景、素人改造节目、旅游指南、实时新闻、杰克·凯鲁亚克……

斯科特体内混杂着如此多重要之人的人格，如今连父母都认不出他了。他被“社会幽灵”纠缠，试图再一次乘飞机逃跑，而当他飞到空中时，在引擎的喧嚣声后面，一个穿长袍的人还在高喊着：“我没有自我，我没有自我……”N

第一个进行环球航行的女人是珍妮·贝雷，她在1766—1769年的法国第一次环球航行中假扮成植物学家珍妮。

保持着世界上迁徙时间最长纪录的动物是北极燕鸥，它们每年在南极洲海岸威德尔海和北极附近的格陵兰岛间飞行的距离超过71 000千米。

截至2013年底，全球大约有1 420万难民。另有3 300万人虽身处自己的国家，但也背井离乡。

1202年，莱昂纳多·斐波那契将印度–阿拉伯数字“0”由阿尔及利亚引入意大利，标志着欧洲数学使用罗马数字的终结

2014年，超过1 100万人有出境旅游经历。

在美国健康的旅行者中，与道路相关的事故是导致可预防性死亡的最大原因。

自1935年被带入澳大利亚后，甘蔗蟾蜍以每年40～60千米的速度扩张其领土。

2009年，世界平均通勤时间是40分钟。泰国是世界上通勤时间最长的国家，大约每天两小时，而马拉维最短，只需两分钟。

每一天，美国都有超过87 000个航班。其中，只有1/3是商业航班；其余为私人航班、包机航班、军用航班和货运航班。

在全球范围内，2013年的航空飞行共产生了7.05亿吨二氧化碳，人类产生了超过360亿吨二氧化碳。

世界上最大规模的人口迁移发生在中国春节期间，在40天的时间内，中国旅客出行超过37亿人次。

车轮被发明并作为工具和玩具使用了几千年，然后才被改装用作交通工具。

世界上落差最大的过山车是美国新泽西州的京达卡(kingda ka)过山车，它的落差为127米，时速可达206千米。

约翰·辛格尔顿·科普利，《沃森和鲨鱼》，1778

用旅行重塑习惯

奥利弗·波克曼

曾经，我前往朝鲜访问了4分钟。严格地说，我只是从首尔搭乘早班车，然后向北进入两国之间的非军事化区。来到横跨南北边境的联合国营地的游客会被带入准备好的几间小屋中，这些小屋最初是为举行国际谈判而建的。漫步到小屋的尽头，严格来说，你的脚就踩在了朝鲜的土地上——但这只是理论上。要是再往北一点，你就会遇到全副武装的朝鲜士兵。（可能还会引发一场重大的外交事件。）

毫无疑问，这是我作为游客最奇怪的经历。因为军队的存在，我不得不签署弃权书，它警告说，对对方的士兵做粗鲁的手势可能会致命。还有非军事化区的无人区里古怪的一切，都让我感觉与现实的关系发生了变化。这种从普通经验结构的缝隙中溜走的感觉持续了好几天。马塞尔·普鲁斯特写道：“真正的发现不在于发现新大陆，而在于用新的眼光看待事物。”普鲁斯特的天赋让他在几乎足不出户的最后20年，重新审视了现实。但他或许还可以补充一点，对那些不是天才的人来说，去往新的大陆才是重新看待世界最可靠的方式。旅行把我们从陈旧的习惯和平庸的常规中解放出来，带入喜剧演员乔治·卡林糟糕地化用，普鲁斯特原话所说的“vuja dé*”中。我认为，这种每每用全新的视角审视熟悉事物的能力，是创造力、幸福感和所有生活意义的重要组成部分。

常规——“现代心理学之父”威廉·詹姆斯在一个世纪前就认识到了这一点——既是正常生活的先决条件，也是有价值的生活的敌人。一方面，如果我们想专注于最重要的人际关系和工作项目，我们就必须培养无数自然而然的习惯，去适应好生活的方方面面。詹姆斯注意到，“我们在日常生活中越能把更多的细节交给无意识掌控，我们心灵的高级力量就越能被解放出来，从而做它本该做的工作”。然而，另一方面，正如詹姆斯忧郁地指出的

*此处普鲁斯特的原话为法语，意为“未曾相识”。

也许把旅行看作一种扰乱的力量的最有用的方法是把旅行本身变成一种习惯。

那样，这些习惯很快就会固化，榨干生活的汁液，直到生存变成“一大堆习惯——穿衣脱衣，吃吃喝喝，问候与告别，女士优先——都是由于重复而固定下来的东西，几乎可以被归结于条件反射”。即使在做关于习惯的讲座时，詹姆斯也不无遗憾地意识到，“我发现自己不可避免地陷入那些陈词滥调，几乎总是在重复自己以前说过的话”。此外，常规也会慢慢让我们对生活中的美好事物失去兴趣。任何新的关系、财产或工作都无法抵挡“享乐适应”的力量。“享乐适应”指的是我们往往能迅速适应各种新的幸福感来源，直到它们成为我们生活的一部分，不再提供那么多快乐。

这种状态会持续，直到我们暂时挣脱常规，前往火车站、机场候机厅或者开阔的道路。正如作家皮科·耶尔所写，旅行“不仅是对未知的求索，也是对未知的理解；至少，我旅行是为了寻找一双天真的眼睛，它让我找回一个更天真的自己”。旅行能以多种有效的方式打乱我们的生活节奏。

这种影响背后的一个关键机制是所谓的“认知不流畅”现象。近年来，研究人员逐渐认识到，当涉及内化新信息时，我们并不总是从那些对我们来说最简单的事情中受益。面对更难处理的信息——比如用更难阅读的字体打印——能让我们更深刻地理解信息。心理学家亚当·奥特发现，如果以这种“认知不流畅”的方式来阅读一本健康指南，人们实际上会更坚定地执行健康生活的计划。因此，“认知不流畅”对大脑的作用和沉重的哑铃对肌肉的作用一样。你能轻易举起的重物是无用的，一个能带来严峻挑战的方案会更有效。

而旅行，尤其是跨越文化边界的旅行，就是让自己主动地投入一个“认知不流畅”的世界——不只是因为街道标识和火车站点可能是用一种难以辨识的文字书写的。日常生活的节奏，街道的布局，当地的礼仪……一切都是陌生的，都需要我们更加努力地参与和理解。我们必须加强用于认知的肌肉，而当我们总是轻松应对熟悉的一切时，这种肌肉则可能会萎缩。你可以试着在西班牙吃一顿下午六点的晚餐，或是前往法国农村地区周日下午也营业的一家药店，你会突然发现自己的日常节奏是如此根深蒂固，以至以前你总是对它们视而不见——现在都一览无余（一旦回到家，你可能不会选择完全改变日常节奏，但至少你会更有意识地做出选择）。

另一个关于旅行改变节奏的例子是，如果你像我一样，经常在火车或是飞机上迸发灵感，那么你可能不会惊讶于远离日常生活似乎可以提高你的创造力。在最近的研究中，管理学学者詹妮弗·穆勒及其同事发现，当客户被告知新的商业创意是由千里之外的人而不是附近的人构思出来时，他们会认为这些想法更具创意。

从“建构水平理论”的心理学研究方法来看，当我们在脑海中描绘遥远的事物时，我们会倾向于进行抽象的、全面的思考，并抓住其中的要点。相比之下，当我们的大脑处理附近的信息时，我们总会密切关注细节，唯恐在小事上出错。当我第一次接触这一理论时，我震惊地意识到，它准确地描述了我是如何看待我的工作和人际关系的，无论是在长途航班的座位上，还是在长途火车上。从这个角度着眼，我远离家乡、生活中的人、熟悉的地方和手头的工作项目——把这一切从“这里”“变为那里”，直到小得像沙盘里的一个小村落一样——随着距离的增加，我可以更容易地察觉到生活中最重要的方面。那些原本看似棘手的问题如今变得可控了——我知道我需要做些什么。

采取这种态度去旅行需要一种重塑自我的意愿，一种对踏出日常舒适圈来面对不确定性的开放态度。但我们并非总能做到这一点，因为点击旅游网站上的一星评价是那么容易（虽然这也很可笑）。无论米兰的小酒店多么华丽，或者俯瞰太平洋的豪华客舱有多舒适，总有至少一个评论者认为，没有空调，或者无线网络不顺畅，就会完全毁掉他们的旅行体验。

最终你会发现，几天或几周内有意打断自己的正常生活带来的回报几乎总是大过它带来的不适。也许把旅行看作一种扰乱的力量的最有用的方法是把旅行本身变成一种习惯——一种有意设计来破除你习惯的习惯，一种从常规中动摇自己的常规方式。因此，正如哲学家和散文家乔治·桑塔亚那所说的那样，旅行可以“打磨生活的边界”。N

旅行对于偏见、顽固和狭隘的思想来说是致命的，正因如此，我们急需旅行。在地球的一个小角落里蹉跎一生就无法获得开放、健康、仁爱的价值观。

马克·吐温

旅途

两个男孩在一棵老树下出生，他们一起长大，享受着爱和自由。
他们在田野里穿行，在山丘上游荡，穿过河流，探秘着磨坊。
他们和恶龙、巨人和勇猛的战士打架，并且都胜出了。
在每天结束之时，他们都睡得很香。爱他们的父亲为他们紧紧裹好被子。
他们的父亲逐渐衰老，死去。兄弟俩为他哭泣。
当然，农场只能为一人所有。因此弟弟离开了，想要找到属于自己的农场。
他们凝视着对方，在这棵老树下道别。

哥哥顶着烈日在田里劳作，满头大汗，支撑着农场。
很快他娶了一位妻子，他们一起生活在农场温暖安全的家里。他总是被爱着，却一直没有流浪的机会。
每一天，他都梦想能和弟弟一样自由。后悔自己没有选择弟弟的道路。
多年过去，他们终于又见面了。两位老人站在那棵老树下。
他告诉弟弟关于农场生活的一切：没有冒险，只有繁重的工作和无尽的争吵。
他多么向往外面的世界，他感觉自己多么像瓮中之鳖。
弟弟告诉哥哥自己多年来的生活，以及自己走过的漫长又疲惫的旅程。

新哲人

他说：在无数个孤单的雨夜里，只有一个念头支撑着我，那就是我的哥哥在家。
家里温暖安全，充满了爱，远离风和雨
繁重的工作我可以忍受。但是我认定：孤单的日子是不能承受之重。
哥哥低下头，心情逐渐沉重，对弟弟说：对于我们俩来说，
这是一个多么残忍的故事啊，你没能过上我的生活，我也没能过上你的。
弟弟叹了一口气，然后大笑，过了一会儿，回答说：
你没抓住这个小故事的重点，我告诉你，哥，毫无疑问，
无论谁想流浪，谁想留下，我们都会后悔的。

一直在休假

帕特里克·斯托克斯

20世纪的最后一年，澳大利亚的一对年轻情侣坐在一趟往返于罗马和锡耶纳的火车上。他们和两个稍年长的美国人聊了起来，美国人告诉他们，这周末锡耶纳过节，可能酒店都被订满了。澳大利亚情侣发起了愁——他们还什么都没订呢。火车到站了，他们挥手告别。

这对澳大利亚情侣立即开始寻找住处。旅行指南里推荐的所有地方都被订满了。他们拖着沉重的行李越走越快，几乎是奔跑着穿梭于旅店之间。终于，有人给他们指了一条明路，他们找到了一个两居室，屋内空旷，光线昏黄，摆满了老旧家具，头顶上还是那种砖砌的中世纪拱形天花板。年轻男子试着用高中学过的那点儿意大利语和房东攀谈了一会儿，尽管沟通不算顺畅，但他还是兴奋不已。

他们又出门继续探索了，突然听到马路边的一个声音："怎么样啊，年轻人？"是那两个美国人。他们没找到住处，可能得睡在一个女修道院的院子里了。年轻的澳大利亚人脑子一热，想着出门靠朋友，就邀请美国人回"他们家"，住剩下的那间卧室。为了表示感谢，美国人请大家吃了一顿大餐。几个小时后，四位旅人带着满肚的酱汁野猪肉和托斯卡纳红酒留下的满面红光，走出饭店，进入异常温暖的夜色中。穿过一个广场时，竟不知从哪儿冒出了一支军乐队。

那短暂的美妙时光现在想来仿佛无比遥远。我和当时的女朋友结婚了，我的意大利语也还是那么糟糕，但自那之后，太多东西都变了样，锡耶纳的那个周末好似发生在另一个世界里，我们连那两个美国人的名字都记不清了，怎么想也想不起来。而且如果让我讲述我的

人生故事，我也不知道这一篇该放在哪儿。我其实记得旅行的日期，但如同其他任何一次旅行一样，它从各种意义上来说都像是生活的一个“断点”。旅行总是发生在自己的时间孤岛上，而不存在于“真实”的人生旅途中。

我们与旅行的时间关系，正如我们与时间本身的关系，在各个层面上都显得荒诞而反常。哲学家德里克·帕菲特指出，我们对未来有一种奇怪的、深刻的、无法消除的偏见。我们对过去的痛苦无动于衷，却对未来的痛苦感到万分恐惧。正如卢克莱修批评的那样，我们哀叹死后失去的时间，却对出生之前的虚无状态视而不见。

我们与时间的奇怪关系不止于此。一般情况下，我们也不会沉浸在对过往旅行的回忆中。我们会直接把它们放在一边，也许会有悔恨之痛，然后就回到了辛苦的劳动中，期待着下一次旅行的到来。旅行一开始，我们就害怕它结束。我们赶场子般地到各个景点，但一到景点我们就会掏出相机，把当下的体验推迟到未来的回忆里。正因为结合了乏味和转瞬即逝这两种特点，长途旅行总莫名给人带来无聊和对时间流逝的恐慌感。这两种感受都会令人产生不适，提醒着我们，即便狂妄如人类，时间也并不在我们的掌握中。

然而我们仍有他法栖居于时间中。1908年，约翰·麦克塔加特·埃利斯·麦克塔加特（不是打错了，是他真的用了他叔叔的名字，还是两次）称时间是非真实的。我们随便选取一个时间点来举例，例如下周一对现在的我们来说，具有“在未来”的性质，而到了下周二，那个下周一的性质就变成“在过去”了。但是根据麦克塔加特所说，一个时间点不可能同时具有“还未发生”“正在发生”“已发生”这三种互斥的性质。于是他得出结论：时间是一种幻觉。

之后几年，物理学家尽管是出于不同的考量，但也提出了类似的理论。想想我们是如何使用“这里”这个词的。“这里”永远是相对于你所在的位置来说的，世界上并没有一个地方在本质上就是“这里”（“那里”同理）。但是如果“这里”永远是相对的，那为什么“现在”不能也是相对的呢？

假设你在开车，8千米前你路过了一个小镇。现在你已经看不见它了，但是它仍存在于距离你8千米的那个地方。从某种角度来说，过去乃至未来，也是如此。既然我们并不认为“这里”是唯一客观存在的地方，我们视野之外的世界就不存在，那为何我们要假设只有现在是客观存在的，而过去与未来都非真实呢？

顺着这个思路，我们就得到了“四维论”，即其实并不是你的全部形态都被压缩在某个瞬间，而是被拉伸至各个时间和空间。借用J. 戴维・威尔曼的插画来表达的话，就类似于你的身体从头到脚正被无限拉长，填满了整个空间。

我们可以把自己想象成一条巨大的蠕虫，在空间和时间里蜿蜒而行。正读着这句话的这个“你”只是这条蠕虫的一节。这部分（正在读的这几个字）的你位于你所认为的“现在”这个时间点，但你也同样存在于五分钟前刚开始读这句话的时候，以及五分钟后读完翻页的那一刻。你如同一条穿行于迷宫的长蛇，同时存在于许多地方，从你出生之处到你读书之地，从你初吻之地到此时此刻，也许还有你的临终之所，但是关于未来是否如过去一样真实这一点，玄学家仍未达成一致。

请思考一下这对旅行来说意味着什么：你一直在休假。事实上，你现在正经历着你这一生所拥有过的每一趟旅行。你永远在路上，你存在于你去过的任何地方。

然而令人遗憾的是，我并不认为我们可以从“四维论”中寻得全然的安慰。我们对时间的偏见已然根深蒂固，而这也许是一件幸事。在《第五号屠宰场》中，冯・内古特虚构了一群名叫特拉法马铎星人的外星生物，他们就是时间的“四维论”者。当一个特拉法马铎星人去世时，那些幸存的伙伴并不会悲恸同伴的逝去，相反，他们只会说虽然他在这一刻很糟糕，但几年前春风得意，他在其他时刻仍活着。这种世界观一定程度上也颇有些吸引力，但绝对是非人性的。

然而这种世界观仍拥有不小的抚慰人心的力量。哲学家、神学家查尔斯·赫桑安认为存在过即永生，我们曾存在于宇宙之中这一点是无法改变的，这在他看来便意味着我们也将永恒地存在于上帝的记忆之中。“时间如同一条奔腾不息的河流，带走他的子民。”但他们仍然存在，只是顺流而下，遗落下游了。

也就是说，旅行并不仅仅是拥有和丢弃一段段经历，也不仅仅是堆积记忆或打卡“一生一定要去的100个地方”，而是在自己这条时间蠕虫身上多留下一些节点。你去的地方和拥有过的经历都是同等真实的，共同构成了你的存在。旅行不只是看世界，更是与整个世界发生紧密接触。

流年易逝，那个暮春的美好夜晚也逐渐消融于朦胧柔软的记忆之中。然而无论还会发生什么，无法改变的是：我将永远站在锡耶纳的广场之上，头顶托斯卡纳温柔的夜空，伴随着美妙的音乐和我深爱的女人。

你去过的地方和拥有的经历都是同等真实的，共同构成了你的存在。N

我将永远站在锡耶纳的广场之上，
头顶托斯卡纳温柔的夜空。

WHY INSPECT BAGGAGE?
TO PREVENT THE ENTRY OF PLANT PESTS INTO CALIFORNIA, WHICH WOULD ENDANGER CROPS VALUED AT $500,000,000 ANNUALLY
PLEASE CO-OPERATE • THANK YOU
BUREAU OF PLANT QUARANTINE
CALIFORNIA DEPARTMENT OF AGRICULTURE

照片来源：美国国会图书馆

照片来源：多萝西娅·兰格，美国国会图书馆

照片来源：美国国会图书馆

升空

罗伯·赛尔泽

别怪我，是科学驱使我偷看的。我如何能够抵挡大胆探索学术未经之地的诱惑？所以我才屏住呼吸，装作无知，向左边走去，即使我知道该去的地方在右边。一脚踏入其中，我的双手在仿若来自天堂的金光中闪闪发亮。不到一臂的距离内，奢华的皮革躺椅召唤着我，银筒里的香槟酒瓶冲着我闪耀着光芒，在我正前方坐着的便是埃尔维斯（我确定我没看错）。这简直就是中年男性幻想的巅峰了，甚至比赢得（或参加）一次铁人三项比赛、在镜中看到更年轻的自己和取得终身教职这三件事加起来还要爽。这就是头等舱。

可就在我走向装有鱼子酱的小推车的途中，一名空乘人员出现了，我被领了回去。离开了头等舱，我也活得下去，毕竟我在经济舱里也挺快乐的。右转，把我逃过了超重检查的行李箱塞进头顶的行李舱里，挤进一个为中东成人设计的座位里，然后开始和隔壁座来自格但斯克的乘客鲍里斯聊天，多快乐。快乐是因为飞机一起飞，我就自由了。

任何人都联系不上我，找不到我，我挣脱了工作的枷锁，摆脱了责任的重担，不用再和任何认识我的人说话（除了现在的鲍里斯）。飞机拉远了那个有责任在身的日常的“我”和无忧无虑的旅行中的“我”之间的距离。飞机多飞远一点，我就多自由一寸。

谁会不喜欢在现实和自我之间填上一串邮政编码呢？即使尚在清理航道的阶段，我都能感受到我的肌肉在放松，大脑皮层也冷静下来了。我确信，在未来，科学家一定会在离家距离和心理健康之间找到一种被称为“半距值”的几何关系。该关系类似于“半衰期”的概念，但计算的是让你内心的颠簸程度减半所需的物理距离。这个距离对我来说就是10千米。也就是说，飞机升至巡航高度开始平稳飞行之时，我的内心也随之进入平稳状态。

众多成就都是在远离家乡的情况下完成的，这绝非偶然。雪莱夫人在日内瓦湖畔度假时写出了《科学怪人》，吉米·卡特在总统别墅区戴维营促成了以色列和埃及的和谈，莫奈的《伦敦国会大厦》也描绘出当地人都未曾见过的别样光线下的伦敦。作家不时隐居山林，艺术家也有其藏身之所和艺术学院，我们大学教授，好吧，也能去各地开会。这些避风港都能促进思考，也为将看似杂乱的思路整合为令人惊叹的新想法提供了空间。出了家门，水电费、考勤表、朱莉阿姨的生日礼物之类的让人分心的事也就远在千里之外了。即使你归家时被问到，也能逃过一劫，毕竟情况发生时你并不在场（至于我太太就是另一回事了）。

距离并不是创意的唯一作者。身处异国他乡，你的做事方式就被强制改变了。即使只是沿着海岸线南下过一个周末都会改变你的日常事务。修理冥顽不灵的淋浴开关，在大雾天气里找一家烘焙店，靠右行驶（逆行）或是跟热情的加泰罗尼亚服务生解释自己不吃肉，这些日常小事都会不自觉地改变我们脑中的神经连接。在巨大的法兰克福机场发呆，品尝陌生的二月飞雪*，穿过残破的柏林墙进入民主德国——这些瞬间都迫使我思考不熟悉的事物，自然也迫使我对熟悉的事物主动思考、提出质疑。

许多实习医生在成为高级专家前都会出国待上一两年。部分原因是学习新技术，部分是为了更好的研究机会。但同样重要的是，他们的消失抹去了他们在同事心中作为新手的印象，只有那样他们才能被看作经验丰富的医生。一位充满智慧的老教授曾与我开玩笑说："没有人能在自己的土地上成为一名预言家。"旅行不仅会改变一个人，也会改变一个人在他人心中的印象。当你旅行归来时，大家默认你会因这趟行程而改变，而且往往是变得更好。

在南非德班遇到入室抢劫，在莫哈维沙漠被一只土狼逼到角落，在德罗马纳被女朋友甩了——我的旅行经历可算不上完美。这些当然是悲惨的经历，但旅行的时间和途中的交谈缓和了悲惨之感。无论是去外地开会，还是和家人自驾游，我每次回到家时都会和从前有些不一样了。头等舱也许更豪华，但不是旅行的重点，体验才是。

一位充满智慧的老教授曾与我开玩笑说："没有人能在自己的土地上成为一名预言家。"

* 作者为澳大利亚人，因此二月下雪对他来说是陌生的。

只达成了部分理性自由的人在地球上仅仅是一个流浪者，而不是一个有最终目的地的旅行者，因为这样的目的地并不存在。

弗里德里希·尼采《人性的，太人性的》

凡·高，《走在塔拉斯孔路上的肖像画（图中的画像）》，1888年

哲学活生生

安尤姆

最喜欢的五本书：
1.《科学革命的结构》托马斯·库恩
2.《局外人》阿尔贝·加缪
3.《人性论》大卫·休谟
4.《如何是好》尼克·宏比
5.《昏迷中的女孩》道格拉斯·库普兰

最喜欢的哲学家：
大卫·休谟

最喜欢的格言：
去成为你希望在世界上看到的变化。——甘地

推荐的纪录片：
迪雅·汗《巴纳兹：爱情故事》

最喜欢的艺术作品：
色彩明亮的现代抽象作品，或者至少画面是有些混乱而非规整的。

最喜欢的古典音乐：
阿图尔·鲁宾斯坦演奏的肖邦《夜曲》。

哲学对你来说意味着什么？
永远不相信“权威即真理”。任何事物都是可以被质疑的，都可以从一个截然不同的角度看待。哲学理应是反叛的。

哲学为什么重要？
哲学并不总是重要的，有时只是聪明而已。只有具有新意的、关注重大问题的哲学才是重要的。

我们在当今社会中，面临的最大问题是什么？
信息被当作娱乐贩卖。冲突和恐惧霸占了媒体新闻，我们开始相信这就是世界的常态，而我们对此束手无策。

你希望通过“实践”哲学达成怎样的目标？
我向我的学生传达一个观点：你们做研究的时候可以别人怎么说，你们就怎么做，但任何领域的名人都不是这样做的。我也想改变我们对因果关系的想法。

生活的意义是什么？
用我们自己的方式让世界变成一个更好的而不是更坏的地方。

拉尼·利尔·安尤姆，挪威哲学家，主要研究因果关系。

哲学活生生

米勒

最喜欢的五本书
1.《卡拉马佐夫兄弟》费奥多尔·陀思妥耶夫斯基
2.《局外人》柯林·威尔森
3.《反抗者》阿尔贝·加缪
4.《唯一者及其所有物》麦克斯·施蒂纳
5.《虚无主义的利己主义者：麦克斯·施蒂纳》R.W.K.帕特森

最喜欢的哲学家：
麦克斯·施蒂纳

最喜欢的格言：
那些杀不死我的使我变得更强大。——尼采

推荐的纪录片：
大卫·艾登堡撰写并呈现的任何作品。

最喜欢的艺术作品：
暂无。

最喜欢的古典音乐：
我更喜欢爵士乐，喜欢迈尔士·戴维斯的所有音乐。

哲学对你来说意味着什么？
哲学是一种用来理解各种哲学立场的方式。

哲学为什么重要？
因为人们似乎有一种把不可解释的事物解释清楚的需求。

我们在当今社会中面临的最大问题是什么？
用“人类是否拥有未来，乃至是否值得拥有未来”这样的问题烦扰自己。

你希望通过“实践”哲学达成怎样的目标？
为我每一个相互矛盾的心理冲动找到合理的解释。

生活的意义是什么？
生活的意义只会是每个人所能接受或创造的那个意义。

大卫·米勒，存在主义协会秘书。

哲学
活生生

德·奥林皮奥

最喜欢的五本书：
1.《悲剧的诞生》弗里德里希·尼采
2.《玫瑰水和苏打面包：一部小说》玛莎·梅兰
3.《时间机器》H.G.威尔斯
4.《吹梦巨人》罗尔德·达尔
5.《爱的知识》玛莎·努斯鲍姆

最喜欢的哲学家：
玛莎·努斯鲍姆

最喜欢的格言：
最重要的是，必须对自己忠实；正如有了白昼才有黑夜一样，对自己忠实，才不会对别人欺诈。——《哈姆雷特》第一幕第三场

推荐的纪录片：
班克西《画廊外的天赋》

最喜欢的艺术作品：
雷诺阿《草莓》

最喜欢的古典音乐：
约翰·塞巴斯蒂安·巴赫《A小调小提琴协奏曲》——我曾经还能用木琴演奏这支曲子。

哲学对你来说意味着什么？
哲学是一种鼓励深刻自我反思和提炼思想的方式。它也是社会性的：建立在已有观念之上，激发有价值的讨论。

哲学为什么重要？
因为如果我们不能与社会中我们创造出的想法和物体进行批评性互动，我们将注定重蹈覆辙，粗暴地对待人类、动物和我们的环境。

我们在当今社会中面临的最大问题是什么？
消费主义和群体消费。

生活的意义是什么？
我不得不赞同亚里士多德的“积极幸福”观：做最好的自己，过最幸福的生活。这并不是一个自私的追求，而是对“我们是生活在社区中的社会的、道德的和政治的存在”这一属性的积极认同。

劳拉·德·奥林皮奥，澳大利亚圣母大学哲学系讲师，《学校哲学学报》联合编辑。

哲学
活生生

威尔

最喜欢的五本书
1.《历史的慰藉：重拾往昔的生活智慧》罗曼·柯兹纳里奇
2.《形式、功能与设计》保罗·雅克·格里罗
3.《这一年，附录膨胀》布莱恩·伊诺
4.《瓦尔登湖》亨利·大卫·梭罗
5.《悉达多》赫尔曼·黑塞

最喜欢的哲学家：
老子（《道德经》作者）

最喜欢的格言：
你抵达某处的瞬间，你可能用脚步丈量的距离就缩短了。——彼得·布鲁克

推荐的纪录片：
高佛雷·雷吉奥《生活三部曲》

最喜欢的艺术作品：
安迪·高兹沃斯的任何作品

最喜欢的古典音乐：
菲利普·格拉斯《圣歌-第三篇章》，《变形生活》（《生活三部曲》之一）的配乐。

哲学对你来说意味着什么？
快乐地、专心地拥抱美妙多姿的生活。

哲学为什么重要？
哲学使名人般的生活和持久的存在这两种生活得以区分。

我们在当今社会中面临的最大问题是什么？
我们看似无力将我们的能力应用在理性思考上，也无力构想出一种集体未来的可能性，来调解我们的基因冲动，实现个体愿望。

你希望通过“实践”哲学达成怎样的目标？
在一定程度上为提高全人类生活质量做出贡献，当然也从中获益。

生活的意义是什么？
生活没有意义，但可以有目标。如果人类可以联合起来为了大众的利益而奋斗，这个脆弱星球上的所有生命都将受益匪浅。

马丁·威尔，设计师，探索用设计来改善生活质量，而不仅是占有更多物品。

看不见的大猩猩

奈吉尔·沃伯顿

17—19世纪，年轻的英国贵族（偶尔也有女性）会环游欧洲。他们表面上是想沉浸在法国和意大利的文化和艺术中，却也是在追求更世俗的快乐：巴黎和威尼斯都以其红灯区、化装舞会和其他形式的狂欢活动而闻名。这是一次有仪式感的“成熟”之旅。这一长途旅行将持续几个月甚至几年，尽管有值得信赖的向导，但在享受快乐的同时，旅行者也面临着遭遇强盗、酗酒和染上性病的风险。然而，对于富有的旅行者来说，这是一段能让他们用不同视角看待世界，追求全新的身心体验和完全沉浸在高雅文化中的奇妙旅程：他们将站在伟大的建筑、画作和雕像之前，惊叹于西方文明瑰宝。没人能在经历过这种冒险之后不被它改变。有这类不凡之旅的人都相信，与陌生之地、崭新生活方式和伟大艺术的会面，能够改变一个人。

如今，便宜得多的旅行已经普及。我们很多人都能安排自己盛大（或不那么盛大）的巡游——年轻人可能会采用间隔年的方式。充实的旅行已不再是超级富豪的特权。任何时间，人们都可以环游世界，他们不必再通过抵押自己的房子来买票出行——这是一种了不起的进步，每年数以百万计的人都从中获益。但重要的是，新技术的应用正在改变我们体验陌生之地的方式。要理解这一点，我们需要审视我们的预期是如何影响我们所看到的，以及选择性注意和分心，是如何让我们看不清眼前发生的一切的这种相关问题。

我们不是在被动地吸收经验。当我们看见事物的时候，我们并不只是坐在我们脑海中的电影院里，看着屏幕上呈现的视网膜图像。

正如哲学家N. R. 汉森所言，“我们能看到的比眼球接触的更多”或者“看见是一种理论导向的行为”。我们期望看到的会影响我们真正看到的。这并不是说我们可以简单地用魔

法把想象出来的世界融进现实，而是说信仰、欲望和预期混杂在一起，过滤着我们感受到的现实。约翰·伯杰曾做过一个关于观察的试验，他首先展示了一幅凡·高的画，画的内容是一群乌鸦飞过一片玉米田。然后，他展示了另一幅内容相同的画，它的标题为“凡·高的最后一幅作品”。令人惊讶的是，后一幅画居然真的看上去不一样了：画上的乌鸦看上去更为不祥，笔触也更为疯狂——即使它带来的视觉刺激毫无变化。

注意力的集中可以让人看不到眼前的一切。最引人注意的例子是一个名为“看不见的大猩猩”的心理实验，它揭示了我们会有选择地注意某些信息这一现实。哈佛大学研究员丹尼尔·西蒙斯和克里斯托弗·乔布勒斯在篮球运动员中进行了这一实验，并用视频记录了下来。在60秒的时间内，实验对象被要求记录一分钟内穿白衣的球员制作的通行证数量，这是一个简单的任务。其间，一名女子穿着大猩猩服装，捶打着自己的胸部，穿过篮球场，然后离开。令人惊讶的是，有一半的实验参与者都没有注意到她，因为他们的注意力都被眼前的工作吸引了。这种因为我们的注意力分配不均，而对一些明显的事物视而不见的情况，在我们的生活中是极其普遍的。

20世纪80年代末，我第一次到访纽约的经历就被我的预期塑造了。曼哈顿的天际线看起来似曾相识。置身纽约街头，我仿佛听到了格什温的《蓝色狂想曲》开头滑音的旋律。我觉得我看到这个场景：在电影中、照片里和电视上。然而，随着我逐渐游遍这个城市，和人们对话，看到新的风景，我开始对这里有了更深刻的理解，虽然这种理解还是带着我的预期和一些对纽约的固有印象，但它也被我和现实的照面改变了不少。

没有纪录片或者旅行指南帮我适应在纽约大道上漫步的节奏，也没有一本旅行指南能传达在大都会博物馆里维米尔作品《沉睡的女仆》的美，或是在科尼岛上乘坐古老过山车时那恐怖的兴奋。预期会影响我的见闻和经历，但不会起到决定性作用。可能当我专注于第五大道上的景象和声音时，有几个穿着大猩猩服装的人从我身边走过，我没有注意到他们，可能他们也没注意到我。

如今，去一个新城市旅游的人通常都带着智能手机，手机上装着各种应用程序，有着各种功能和网络连接。在线搜索引擎可以显示游客所住酒店的街景，网站还会定位最佳吃喝地点、经典博物馆和值得一去的展览。那些对自己的假期安排做过研究的人都知道自己期待在旅行中发现和经历什么，而他们的期待也决定了他们的体验。感兴趣的旅客可以在一瞬间就得到他们想要找到的新信息。

当然，旅行指南已经存在了几个世纪，并且已经将游客对城市的体验结构化了，但它从未像当代互联网这般事无巨细，更别提即时性和互动性了。在某种程度上，互联网给旅行带来了重大的发展。新技术极大地增强了我们在旅行中获取信息的能力，也丰富了我们的经验，让我们能在城市中移动，就像在指尖操纵一个巨大的、可搜索相关信息的图书馆。我们可以从别人的错误中学习，并分享我们的体验、判断、照片、视频和感想。

然而，这也有不利的一面。阿里安娜·赫芬顿曾说道："多任务处理是奇迹的敌人。"她无疑是对的。惊叹于世界的奇妙需要一定程度的接受能力。那些弯着腰用手机查看细节和地点的人只是通过别人的解读而不是自己的努力来探索这个世界，他们可能还会错过一个新地方真正有趣和令人兴奋之处，因为他们的注意力已经被充当数字安全保护伞的技术分散和稀释了。当你专注于虚拟世界时，你很难向真正的世界敞开心扉。挥舞着相机的游客总是冒着与他们想要记录的景象拉开距离的风险。但今天的智能手机用户拥有相机、电话、信息中心和线上指南这样诱人的组合——很少有人能把它们长时间放在口袋里不用。总有一个应用程序、一个功能或者一个工具对我们有用。

查看、记录、分享的诱惑是难以抗拒的。英国作家和诗人塞缪尔·约翰逊认为，旅行的目的是"用现实来调节想象，而不是用现实去匹配想象，我们需要看到事物的本来面目"。如果我们想要真诚地面对现实——这无疑是让真正的旅行优于扶手椅上空想的旅行的重要原因之一——如果我们还想被意想不到的美景震撼，想要被一个有着不同生活方式的新地方改变，我们最好还是把手机放在口袋里，亲自走一趟，至少有些时候确实应该如此。

当你专注于虚拟世界时，你很难对真实的世界敞开心扉。N

当你专注于虚拟世界时，你很难对真实的世界敞开心扉。

Travel

旅行

Travel

/ˈtræv(ə)l/

动词

1. 一次出行，通常是距离较远的出行，特别是出国；

2. 移动，通常是以一种持续的、可预测的方式；

3. 非正式（指交通工具）：快速移动。

来源：《牛津英语词典》

在家活出自我

DBC 皮埃尔

我经常去西班牙的一个海滩酒吧，那里没有网络。一天，一只溺毙的大鸟被冲上了岸。酒吧老板是一个叫文森特的人，我看见他站在岸上的大鸟尸体边，嘴角叼着的雪茄在上下抖动着。低低的太阳照亮了那只大鸟的爪子和羽毛，它们就像文森特那稀疏的头发一样歪斜。文森特还是嚼着雪茄，雪茄时不时在他嘴边弹动一下，显示他正在思考。他把鸟摊开看了看，最后点了点头说："是秃鹰。"

现在，我们所站的海湾处于西班牙内华达山脉的边缘，与摩洛哥隔着地中海。

"它的确很大。"我说。
"它一定是一只秃鹰。"
我围着这只鸟研究起来。它的脖子又长又柔软。"但是秃鹰来自美洲。"
文森特用牙齿咬碎了雪茄，然后直视着我。"所以呢？"
"它不会飞越大西洋来这里的。"
他想了一会儿，问道："你是哪里人？"
"我出生在澳大利亚。"
"但是你也出现在这里了，不是吗？"

就这样，在文森特出生并度过了五十年时光的山上土生土长的欧亚秃鹫成了秃鹰。如果没有真正的秃鹰来证明这一点，那它真的能成为秃鹰吗？一个关于旅行的饼状图随即在我的脑海中出现，除了简单的距离，还包含旅行的各种要素：一部分代表着一个地方与我们家乡的地理差异；另一部分代表着一个地方与我们不同的观点和文化；最大的一部分，显示出我们在何种程度上会根据我们自带的背景来过滤这些差异。从那时起，我就一直在观察这张饼状图，尤其关注关于我家乡的部分——那里不买卖秃鹰。

在同一个海滩上，离文森特家不到6米的地方，一位磨刀人则代表着这张饼状图中的差异部分。他骑着一辆自行车，车链上挂着一块磨刀石。他把自行车停在街上，用磨刀石磨刀剪，用排箫上上下下地演奏音乐，招徕顾客。有些天，我一听到磨刀的声音，就觉得家里的大部分刀都是钝的。

“磨一件一百元。”他说。

“如果给你十把刀呢？”

“一次十把？两千。”

我停顿了一下，说他算错了，让他好好想想这个数学问题。但他渐渐开始不耐烦了：“你到底磨不磨？”

“你算错了。应该是一千，不是两千。”

“是的。”他扫视着大海，似乎在寻找一个不那么难对付的顾客。“因为我花的时间更长，明白吗？你以为我愿意整天在你的刀旁汗流浃背吗？十比一更费力，那可是十倍的工作量。你以为我是白痴吗？”

好吧，我刚刚确实觉得他是白痴。我没有找他磨刀，但他的想法一直萦绕在我的脑海里，直到今天，我还在后悔我没有问他，这话是不是他自己想出来的。而以下的场景则属于这个饼状图里的另一类：在90米高的山顶上的酒吧里，我说马拉加机场不可能有袋鼠，一位出租车司机站起来反驳了我。虽然在澳大利亚以外，袋鼠这个词基本可以等同于澳大利亚，但是这个司机还是放下了他的啤酒，严肃地说马拉加机场有很多袋鼠，他曾亲眼见过。这让我很困惑，直到我想起西班牙语里螃蟹(cangrejo)一词和袋鼠(canguro)一词很相近。如今，我会认为马拉加机场有螃蟹。

你以为我愿意整天在你的刀旁汗流浃背吗？十比一更费力，那可是十倍的工作量。

但谁知道呢。如果有秃鹰，就会有袋鼠。慢慢地，这些事情让我意识到旅行的一个无法解释的特点，那就是它是主体与客体的相遇和分离：一个地方不仅会与我们想象的不同，而且它被我们想象的方式也会不同。这两种不同的融合会造就海市蜃楼。经验丰富的旅行者可能期待着先入之见被现实之沙冲掉，但他们很少允许自己接触其他的先入之见。

事情就变得有趣了起来。我们带着去旅行的想法形成了一个封闭的气泡。这就是为什么观察游客很有趣，特别是观察外国人。本国人可能还只是设法喝到一些廉价的啤酒，但外国旅客，尤其是那些待在旅行地就是为了享受更多阳光和啤酒的人，正付出着努力。他不是住在西班牙，而是住在自己的西班牙，他的西班牙大部分是根据他的旅行规划而建构的。

现在，他被迫让渴求的新鲜得以保持，并用偏见和幻想来装点现实——“你好，米格尔！”——随即幻想的崩塌就会伤害到他的尊严。为了利他，我们总是避免承认，人类几千年来都是被设计成与周围环境相匹配的样子，而人与人之间的暴力之所以产生，是因为我们对环境的看法不同。

若没有这种努力，旅行的奇迹可能是短暂的。与现实相遇后先入之见的衰落和对环境的逐渐适应，会让我们在异乡建立一个家——我们不久前才离开的地方。而这只需要在环礁上待一周就够了。

所以旅行的第一个关键点是我们必须从旅行中返回。否则，它会导致因失去纯粹性而产生的幻灭逐渐加剧。

据说，只要当地人都是服务员，英国人在海外就会有宾至如归的感觉。而一旦他们要与权威人士和比自己更有影响力的同行打交道，他们的压力就会陡增。在外国旅客中，我观察到他们想去一个地方的愿望的强烈程度和持续时间与他们为了实现这一梦想而忽略的证据的数量呈正比。

我们往往不是真正活在外部的世界中，而是在用自己的想法满足自己的期待，这在旅行中，往往比日常生活中更为明显。据我观察，如果你打算成为那种外国旅客，我可以给你一个建议：学习当地的语言不能操之过急。这将把事情控制在一个较好处理的“你好，多洛雷斯”阶段，并把你最容易接收不同意见的渠道关闭。除此之外，对于一个外国旅客来说，做一个充满感激的留宿者是与无序对抗的唯一选择。

他很快发现自己在睁眼说瞎话。

当然，这些想法可耻地将旅行的潜在效益广度降到了最低，因为旅行对精神的吸引力理应是世界上所有人和地方的总和。但自从旅游行业学会向我们兜售创意以来，上述影响已经出现了爆炸式增长。空旷的白色沙滩、轻巧的背包，都在给旅行做广告；沐浴在阳光下的露台上摆满了水果和香槟，浴盆里没有蛇。准确地说，旅行者市场现在必须被隔离和教育，以匹配供应商打包好的想法。它需要刻意编辑。

因此，作为一名研究理想与现实的学生，或者可能只是为了洞察矛盾本身，我开始接受一种新的旅行形式——存在主义旅行。它包括从旅程的终点开始，去重新想象早期的发现，也去往我们多年后结束旅行的地方。这意味着我们应该背向埃菲尔铁塔，坐在酒吧里看电视上的《海绵宝宝》，或者去看足球赛而不是金字塔。它让你在有了旅行的观念之后出发，这也是解决现代旅行悖论的一种方法——当你是一个外国人的时候，你不愿看到目的地的原汁原味被外国人破坏。

所有这些都可能会引出一个问题：如果只是为了打破适用于家里的观念，那我们为什么还要去旅行呢？但也许我们是为了试着把自己留在家里。在沙滩上，在埃菲尔铁塔的顶端，我们都还是我们，最好的我们——仔细看的话，又不只是我们。崭新的我们，闪耀、世俗、自主，没有家的枷锁和导火索，乐于改变，敬畏孩子。我们也必须快速享受这一自我，因为我们过去的自己就在身后的一架飞机上，拖着厨房的水槽，紧跟而来。

至于文森特，嚼了一会儿雪茄后，他终于把这只大鸟拖到海滩上，给一位当地警察打了电话，那位警察热衷于制作标本。几个星期后，这只大鸟光荣归来。如今它眼睛锐利又骄傲，翅膀能伸展到两米多高。文森特把它安装在酒吧背后的架子上。今天它可能仍然瞪着双眼，看着自己的子民为了“英国人和德国人哪个才是最坏外国人”而争论，同时怒视着英国人和德国人嘟囔着面包太老了，以及争论是否应该责骂某人。

离开家，一只欧亚秃鹫就变成了秃鹰。

我们同样如此。N

所有这些都可能会引出一个问题：如果只是为了打破适用于家里的观念，那我们为什么还要去旅行呢？

在外国旅客中，我观察到他们想去一个地方的愿望的强烈程度和持续时间与他们为了实现这一梦想而忽略的证据的数量成正比。

T

“没有一趟火车是我不愿意坐的，不管它要开往哪里。”

埃德娜·圣·文森特·米莱

“当一个人意识到自己的生命毫无价值时，他要么自杀，要么去旅行。”

爱德华·达尔伯格

“人们通常到世界各地去看山川、新的星星、艳丽的鸟、怪鱼和稀奇古怪的人，他们陷入了一种动物般的麻木状态——一想到存在就目瞪口呆，他们还会以为自己看到了什么。”

索伦·克尔凯郭尔

“一切旅行的枯燥程度都与其速度成正比。”

约翰·拉斯金

“多亏了州际高速公路系统，我们现在可以在从一个海岸到另一个海岸时不看到任何东西。”

查尔斯·库拉尔特

“通勤者——一个一辈子都在坐车，不停地离开又回到妻子身边的人；一个刮完胡子，坐上火车，然后再坐回来刮胡子的男人。”

E.B.怀特

“不是所有的流浪者都迷失了。”

J.R.R.托克林

R

“一无所有的旅行者对着强盗唱歌。”

尤韦纳尔

“旅行就像与生活调情。它就像在说‘我会留在这里爱你，但我也必须离开；我到站了’。”

莉萨·圣·奥宾·迪·特兰

“那些盲目地从一个地方到另一个地方，只注意到目的地之间的距离和晚上旅馆所住的人，在旅行之前就是傻瓜，回来以后肯定也是。”

查斯特菲尔德伯爵

A

“旅行毁掉了我的幸福！在看过意大利之后，我眼里再无建筑。”

弗朗西丝·伯尼

“旅程就像艺术家一样，是天生的，而不是后天养成的。一千种不同的环境造就了一千种不同的旅程。它很少被我们的意愿塑造或者决定——不管我们怎么想。”

劳伦斯·杜雷尔

“世界是一本书，不旅行的人只读过其中的一页。”

圣奥古斯丁

“你走过的路都会在某种程度上变为你的一部分。”

安妮塔·德赛

“我旅行不是为了去任何地方，而只是为了上路。我仅仅是为旅行而旅行。重要的是行动本身。”

罗伯特·路易斯·斯蒂文森

“旅程有终点是好的。但最终，重要的是旅程。”

欧内斯特·海明威

V

E

“树林里分出两条路，而我选择了人迹更少的那条，一切由此不同。”

罗伯特·福斯特

“真正的发现之旅，不在于寻找新的风景，而在于用新的眼光去看待这一切。”

马塞尔·普鲁斯特

“旅行者看到了他所看到的。游客看到了他想看到的。”

G.K.切斯特顿

“最悲哀的三件事是：生病的人想要健康，贫穷的人想要富有，旅行的人总是说‘去哪儿都行，就是别待在这儿’。”

E.E.卡明斯

“一个人在走了很远的路并经历了痛苦后，甚至还会享受他的痛苦。”

荷马《奥德赛》

L

“旅行是我的家。”

松尾芭蕉

“我们做过的事，仍将在远方与我们同行。我们的过去成就了现在的我们。”

乔治·艾略特《米德尔马契》

新哲人

坐飞机

受访者 | 迈克尔·波利扎　采访者 | 赞·博格

赞·博格：从一个国家到另一个国家，作为一个常年旅行的人，“旅行”二字对你来说意味着什么？

对我来说，旅行从来都不是在地图上标出目的地那么简单。在旅途中，我总是充满好奇地去看，去探索。我去过大大小小的城市，但我最喜欢的，也是我认为最重要的，是去荒野地区。我会带着我的相机拍照，这甚至不是我的工作，而仅仅是我的兴趣。我也只喜欢在野外拍照，在城市里，我很少拿起相机。

身处丛林的我享受这种脱节的感觉，我在适应大自然的日程，而非任何由我或者他人设置的日程。野外生活还让我知道了一件事：虽然我平时在和人类相处的时候是一个没有耐心的人，但是在拍摄动物的时候，我很有耐心。

“冒险”这个概念在你的生活中有多重要？你认为冒险在每个人的生活中都是重要的一部分吗？

我曾花费三年时间乘船环游世界，途经澳大利亚、新西兰和一些其他地方，我还乘直升机从汉堡去了开普敦。每当听到我的旅行故事，人们就会问我：“你下一步打算做什么，是去月球吗？”但事情显然不是这样。当我乘船环游世界时，我想去的是那些很难到达的地方，而对于其他地方，我只想在那儿度过一段时间。旅程只是为了到达目的地——尽管我很享受在船上的旅程。这当然是一种冒险，但我尝试这种冒险不是为了寻求刺激。我本身并不是一个喜欢寻求刺激的人。

坐直升机从汉堡到开普敦可不是寻求刺激——我不介意有时侯找点乐子——但这不是冒险，只是让我能更多地欣赏汉堡和开普敦之间的景观、文化、音乐和人们肤色的变化。如果乘坐飞机出行，那么10小时或者25小时后，在地球的另一边醒来，我就会错过旅途中的一切。乘船游览——乘慢船的原因之一是它可以让我清晰地感受距离，因为船行很慢。

就个人而言，你希望在旅行中寻找什么？当你环游世界时，你希望找到什么？

我在寻找体验。我想看到事物，我想去探索，我想看到大自然的美。

来自潜意识的信息从一开始就是关于自然之美。

我想捕捉自然的和谐。我喜欢站在山上，因为那里很少有人类，除了我和可能的同行者，那里几乎没有文明的迹象——没有信号塔，没有道路、房屋、建筑、电线——它就以自然的原始形态存在着，而我享受这种存在。

在你的旅行中，有没有什么时刻对你来说特别难忘？在你旅行的过程中发生过什么重要的事情吗？

这可能不是一瞬间的事，而是一个慢慢积累的过程，一个随着时间的推移而意识到自然对我有多重要的过程。一般在荒野中待了三四个星期后，我会很高兴地回到文明世界，不久我就又会紧张起来，想再次到荒野中去。

所有这些都可能会引出一个问题：如果只是为了打破适用于家里的观念，那我们为什么还要去旅行呢？

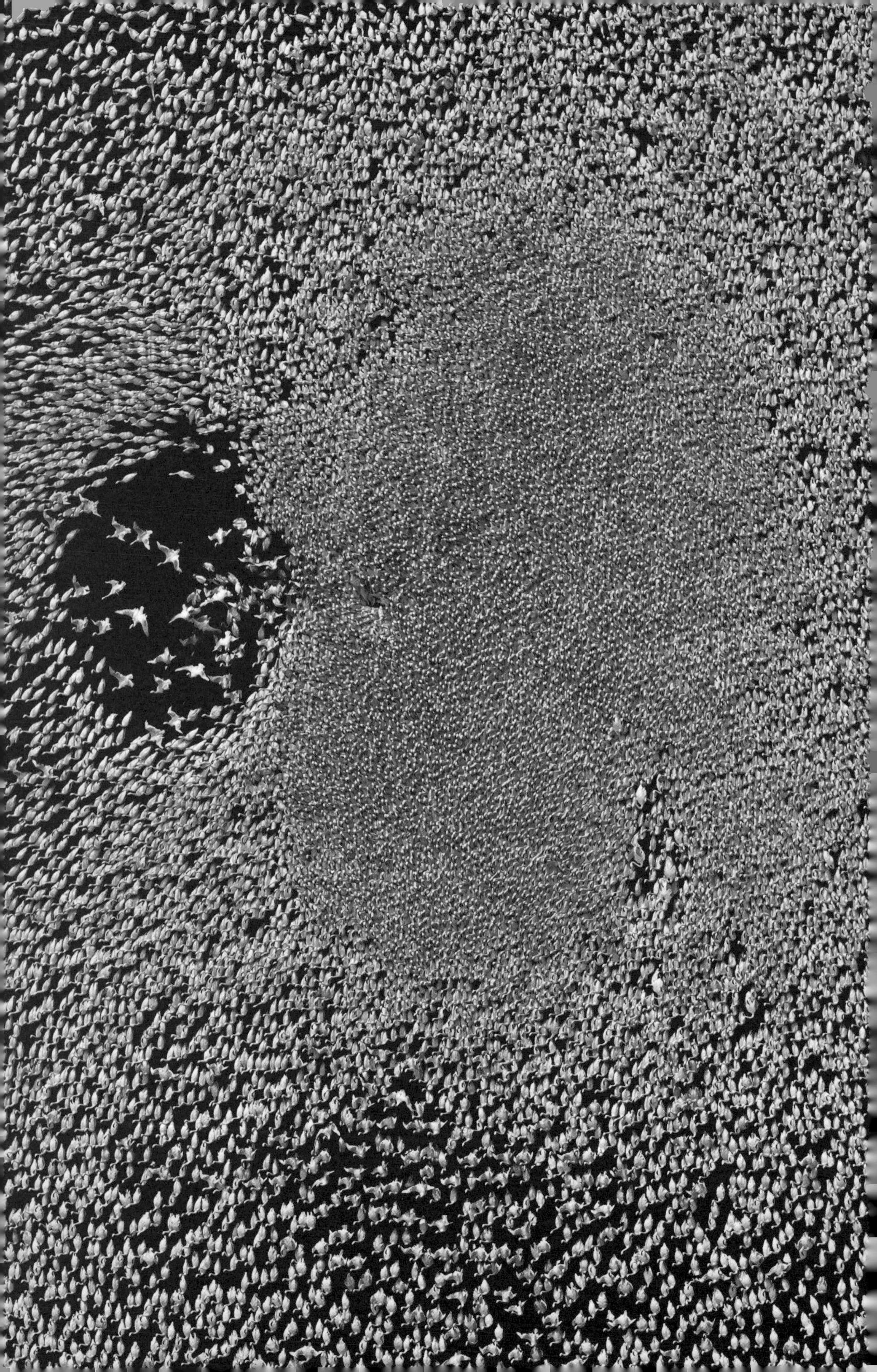

我们细致的观察了你拍摄的关于动物迁徙的照片，你从观察和拍摄这些动物的群体迁徙中学到了什么？

说到摄影，我关注到了绝大多数野生动物。当你花时间在野外观察动物，等待那美妙的镜头——这和你看过的所有其他镜头都有所不同，然后你开始观察，你开始学习有关动物的东西。很多动物相对来说是可以预测的——通过它们的行为，你可以看出它们是激动、好斗或是害怕。虽然这不是可以百分之百预测到的，但你至少可以对接下来可能发生的事有所感应。这很有用，因为在动物摄影中，我是一个机会主义者，我必须利用自然给我的东西。但这并不仅仅是要在数以百万计的豹子、狮子或大象中捕捉一个镜头，而是要努力拍出人们从未见过的或感觉有点不同的照片，去捕捉它们的动态，或是讲述一个故事。与其说我在记录动物，不如说我在捕捉一种情绪——一种当你看着一个事物时它作用在你身上的部分。

这就是你想通过摄影传达的东西——一种情绪？

这是我想要传达的信息之一，我已经意识到，从一开始我潜意识里的信息就是关于自然之美，以及它的积极方面。真正的荒野地区正在变得越来越小，动物的栖息地正受到人类开发的威胁。同时，我想传达一个信息，那就是自然中仍然到处都是美丽的事物，现在做点什么，感知自己对自然负有的责任，还为时不晚。

你认为人类和动物相似吗？

我很难去评判所有的人……但是优越感——将自己置于动物之上的优越感是人类与动物的最大区别之一。我们总感觉自己在管理这个世界。人类跟动物不同——我们有良心、自我意识，能进行精确的交流，等等。我们认为自己比动物优越得多，如果仅从这个角度来看，我不认为其他动物有这种优越感。

你还有什么想补充的吗？或者说，你还有什么想和我们读者说的吗？

我只能鼓励每个人享受自然，对自然负责。现在，我认为我们只觉得对与我们有情感联系的事物负有责任。我们很多人每天都会面临一些负面情绪，因而自然不能对所有事情负责，但我们可以对离我们更近的事物负起责任。我希望更多的人能与地球上剩下的荒野地区、动物和它们生长的自然环境建立起一种更强大、更感性的联系。N

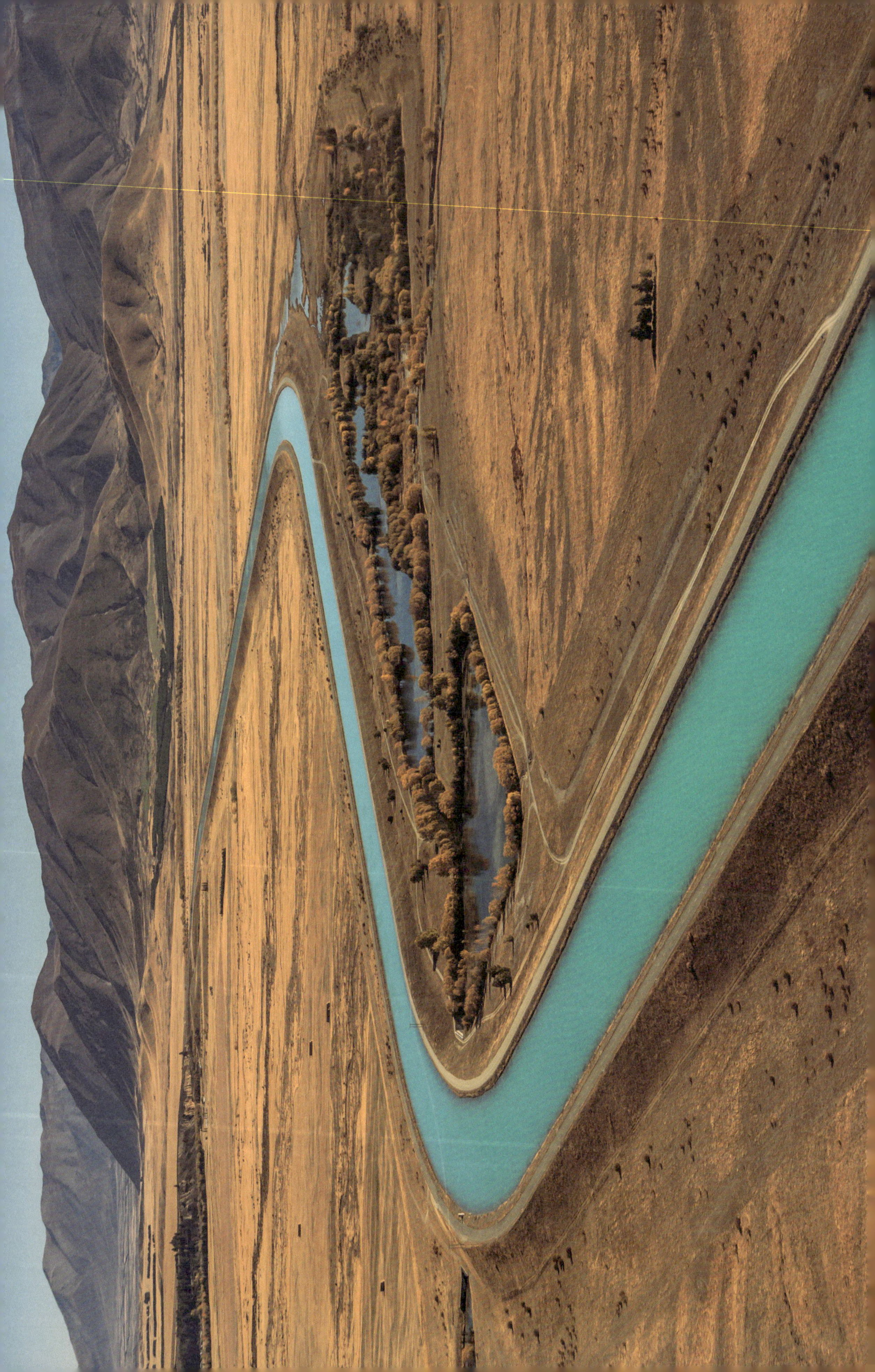

摄影：迈克尔·波利扎

有目的地旅行

汤姆·查特菲尔德

旅行和自我完善往往相辅相成。在一本名言名句大典里搜寻，在名为“旅行”的标题下，我们往往可以找到以下典型的句子：我们旅行是为了用新的眼光看世界，是为了振奋和刷新我们的感官，是为了通过行动使生活更加生动，是为了丰富和打开我们的想象力，也是为了回家，为了更深刻地了解这个我们第一次出发的地方。旅行，而不是简单的旅游，是一件好事。它与宅在家里，自足自满的感受正好相反。它是作家、艺术家、冒险家和不安分灵魂的圣地。

综上所述，旅行的“我们”必须拥有能自由行动的方式和机会。对于那些缺乏我们这样的旅行机会的人，事情可能远没有这么简单。这个世界上还有很多难民、正在寻求庇护和流离失所的人，他们总是不断地在迁徙、斗争和流浪。自2011年叙利亚内战开始以来，仅叙利亚就有300万人逃离祖国，另有600多万人在该国国内流离失所。他们的旅程不是旅行，而是创伤。旅行，是通过移动寻求更强烈的生活体验，实际上要求旅行者对日常生活有一定程度的控制，而这不是每个人都能做到的。

对哲学家彼得·辛格来说，这种虚张声势的自我完善论述是不合时宜的：它被现代生活前所未有的互联互通，以及世界上更幸运的公民帮助急需之人的前所未有的能力改变了。正如他在2009年出版的《你能拯救的生命：立即行动以终结世界贫困》（*The Life You Can Save: Acting Now to End World Poverty*）一书中指出的那样，旅行作为一种目的与作为一种手段相比，是没有什么尊严的，即作为一种以减少人类的痛苦的效果为衡量尺度的劳动。

如果这和大多数人离家远行时的感觉相去甚远，那么我们不要忘了，辛格的最终目标并不是在旅行中寻找乐趣，而是建立一种更深层的二分法：国内与国外，我们与他们，日常的自满与偶然触动心弦的悲伤。

辛格的功利主义要求我们用同样的尺度来衡量这些生命和需求，而不是把他们放在对立面。他在书中最著名的思想实验中辩称，拒绝在你面前的浅池中拯救溺水儿童和拒绝给慈善机构一小笔钱来拯救海外儿童的生命，两者之间没有什么区别。那点距离在伦理上无关紧要，只是一个用来把别人的生活放入一个不同于我们自己的价值范畴的借口。

辛格的哲学要求我们结束常规意义上的旅行，我们不应看重旅行带来的经历，而是应该着重用同一个标准对我们的行为进行评判。我们每一天所说的和所做的，会减少我们所处世界的总体苦难吗？我们要到哪里才能去行“善”，又要做什么，才能增加“善”的总量呢？

如果道德是一种我们共同建立的实践，那么它，不仅需要相似的心灵，还需要息息相关的生命。

这些问题具有相当大的道德力量。现在，让我们来考量“合法权利”这一概念。如果我告诉你，我计划清算和汇集你们国家的集体财富，并根据全球需要重新加以分配，你可能会说：“我和我的家人通过努力积累的财富为什么要和别人共享？这部分财产是我的国家和社会共同建立和维护的；解除财产和边界的神圣性，难道不会危及对任何自由、繁荣的社会都至关重要的安全保障吗？”

我们可以就这个问题争论很久，但我们可能不会走得太远。正如哲学家阿拉斯泰尔·麦金泰尔在他1981年的著作《追求美德》（*After Virtue*）中所指出的那样，我们的分歧不仅仅是根本上的，并且在多元的框架内是不可解决的。我们在“以合法权利为基础的要求与以需要为基础的要求之间，没有衡量的方法，也没有合理的标准”。对一些人来说，任何关于公平或正义的讨论必须以人的需要为基础。对另一些人来说，这个基础必须是财产、财富和公民权等方面的公正。至于哪一个版本的基本真理胜过其他，我们不妨掷硬币决定。

麦金泰尔还说道，任何人如果想从逻辑、文学或哲学中寻求一种脱离当地情况的道德，那肯定是要失望的。“世界上不存在不属于某个特定社会的道德，”他认为，“我们有4世纪雅典的道德，13世纪西欧的道德，还有很多类似的道德，但道德的本质到底是什么？”在评价一些事件时，我们或许可以不去理会距离、地域和习俗，但是我们不能否认，我们必须找到一个能做出评价的体系——而且，在我们看来在道德上不证自明的事情，在其他人看来可能只是一种奇异的反常现象。所有这些都让我们回到了旅行这一议题：让我们自己沉浸在他者的世界之中，只有这样我们才能更好地了解我们自己——或许我们最好能问一下，在所有的道德中，什么是最狭隘的。

如果道德是一种我们共同建立的实践，那么它不仅需要相似的心灵，还需要息息相关的生命。事实上，我们的生活从未像现在这样持续地、紧密地、横跨世界地联系在一起，我从中发现了希望。旧的词汇和界限承受着新的压力。在气候变化、人口增长和全球不平等的一个世纪里，这种压力还可能会加剧。然而，即使在缺乏一套普适尺度的情况下，我们仍然可以做很多事来动摇特权和诡辩的自我保护。

1853年3月27日，小说家古斯塔夫·福楼拜给长期书信往来的诗人路易丝·科莱特写了一封长信，其中讲述了他在埃及的旅行以及他手头正在进行的工作。“啊！”他感叹道，“旅行能让一个人看到自己在这个世界上是多么渺小……我不会走得太远，我知道自己的极限。但我为自己设定的目标仍会被别人实现：因为我，一些更有才华、更有直觉的人会走上正确的道路。”

福楼拜当时正处于写作《包法利夫人》的痛苦之中，这部连载小说被政府以不道德的罪名起诉，这个罪名在当时甚至是一种不能宣之于口的异常：通奸被刻画成了一种令人同情的行为。今天，有些国家仍然没有出版这本书，也无法出版，但它在世界上占据的哪怕只是一片微小的天地，也证明了它是一段更宏大旅程的一部分：更多活着的人在朝着能更诚实地说出更多而努力。

哪怕争论在所难免，但要保持谦虚和诚实往往是我们的共识。我们还需记住，能够出发去旅行和安全返回都是一种难得的特权。

做出最大的改变

采访者 | 赞·博格　受访者 | 彼得·辛格

彼得·辛格，普林斯顿大学生物伦理学教授，墨尔本大学应用哲学和公共伦理学中心的桂冠教授。他的著作包括《我们如何生活？》《你能拯救的生命》《你能做的最好的事》。2012年，他被授予澳大利亚勋章，以表彰他对哲学和生命伦理学的贡献。2006年，他被选为“澳大利亚十大最有影响力的公共知识分子”之一。

首先我想问一个关于广义上的“旅行”和狭义上的“旅游”的价值问题。我认为这两者之间的区别是，“旅行”有某种目的——工作、探亲、学习或自我教育——而“旅游”只不过是为了娱乐而进行的享乐之旅。如果人们以游客的身份旅行，他们如何能最大限度地造福那些在旅游目的地居住的需要帮助的人？我们有可能成为一个有道德的游客吗？

这是人们需要思考的问题：他们是否在做一些有意义的事情，或者对他们而言，在旅行中是否有比观光游览更重要的事？花在观光上的钱又在旅行的预算中占比多少？我认为这是一个道德问题。人们可以有道德地旅行，但这很复杂。我们需要考虑谁实际上得到了我们花出去的大部分钱——很明显，贫穷国家的旅游业提供了有价值的就业机会，这能帮助到那里的人们——但可能很多钱都流向了宾馆和旅游设施的主人。因此，如果你真的很关心旅行中的道德问题，就需要做一些关于当地人薪酬的研究，这对他们有益，而显然也是你可以做的。

但是对于大多数游客来说，假期只是用来度假的——如果硬要说“我的假期是合理的，因为我在造福我到访国家的人民”，这听上去难免有些夸张。

你在《你能做的最好的事》中写到自尊——“自尊最坚实的基础是过有道德的生活，也就是说，一个人要在生活中尽最大可能使世界变得更美好。”以这种方式建立自尊需要全球视野，要求我们透过自己的生活看到——或者我应该说感受到——他人的痛苦。但在没有亲眼所见的情况下，我们真的能承受他人的巨大痛苦吗？到需要帮助的人的生活之地旅行真的会让他们获得财富或者收到善意吗？

这是有可能的。我敢肯定有人有资格说：“直到亲眼看到了那里的情况，我才决定成立一个非政府组织来做一些事情。”有的人确实做了，其中一些还相当成功——有人去尼泊尔徒步旅行并成立了一个非政府组织来帮助偏远地区建立学校，诸如此类。是的，这是可能的，但理解他人的痛苦还有更多的方式。我们现在可以得到的信息数不胜数。我们可以从网上选择信息，阅读各种各样的报告，还可以选择倾听人们的经历，以了解正在发生的一切。

在某种意义上，第一手的经验对某些人来说可能是必要的，但对大多数人来说不是——我们只需要看到这些数字就足够了：大量5岁以下的儿童死于腹泻、麻疹或疟疾。也许你是一个父亲或母亲，知道失去一个孩子是什么感觉，知道这是多么悲惨的一件事——就算你没有亲眼看到，而大多数游客可能永远也没机会看到。但对有些人来说，第一手经验可能会产生重大影响。那些我在书中讨论的被有效利他主义运动所吸引的人并不需要它，因为他们是那种典型的被头脑和心灵打动的人。

是什么让他们与众不同？是什么让他们在没有亲眼看到的情况下做出这样的反应？

我不知道这个问题的答案，我的猜测是人们生来就不同——有些人生来就有不同的应对问题的方式。有些人更容易受到情绪的影响，从而不能以理性的方式把握事物，而有些人却能。当然，这可能与一个人的成长历程和所受教育有关。

这是可以学习的吗？

我认为是。我也希望如此，因为这是有效利他主义运动的一部分：我们需要传达这样一种观念——为了使捐赠尽可能有效，我们不仅要用脑，还要用心。人们最好能够认识到，对某件事有强烈的感觉并不一定是支持它的最佳理由。比如，很多人很喜欢狗，所以他们认为“我喜欢狗，我要给拯救流浪狗或被遗弃的狗的组织捐款”。但是，你能通过交谈让他们意识到，在工厂化农场里被虐待的猪比流浪狗多得多……而且，在保护动物方面，我们也可以做一些比照顾流浪狗更有成效的事。因此，即使人们可能对猪没有任何情感上的依恋，他们也可以理解猪和狗的相似之处，理解它们遭受的相同的痛苦，因而觉得应该支持那些阻止工业化养猪的组织。

我想回到你的书《你能做的最好的事》来谈谈这个问题。你在书中谈道，多年前，你为了事业，仔细思考并决定了自己努力的重点以及时间、精力、能力的分配。你没有选择最紧急的——最需要立即行动的，或者在你看来最重要的事业，而是主要考虑你在哪里能做出最大的改变。你注意到，虽然有许多杰出人才在为全球贫困、战争和核武器进行宣传，但很少有人关注倡导改变动物的道德地位。对于那些确实希望将时间投入到一项事业中的人，他们如何才能更好地确定他们可以在哪些方面发挥最大的作用？

就算这可能不是你应该从事的最迫切的事业，也一定是你可以贡献最大边际效益的事业。

这是一个好问题。我在书中那个章节写到这一点，是为了对全球最大的慈善顾问群体之一——洛克菲勒慈善顾问进行回应。他们在一本小册子里说，慈善是最迫切的事业（你应该从事这一事业）。而我想说的是，就算这可能不是你应该从事的最迫切的事业，也一定是你可以贡献最大边际效益的事业。而这——我们可以做出改变的事业——是很多加入慈善机构或参与慈善事业的人并不会真正考虑的事情。但一旦你仔细思考，你就会发现这就是你应该做的。当然答案也取决于你独有的能力。你能给一个地区带来它没有的哪些东西？或者，你能给某个当地团体或组织带来它缺少的哪些东西？

你在这里用到了全球变暖的例子和疟疾——有许多大型组织都在解决全球变暖带来的这些问题。因此，尽管这是一个非常紧急的问题，但人们还是可以通过从减少疟疾带来的痛苦开始做出一些改变。

这只是一种可能性，我也能接受有人回来跟我说："有一个致力于缓解气候变暖、改善气候政治环境的组织特别好，他们有这种策略，我觉得一定管用！"如果你真的遇到了这种情况，也觉得这套方案确实可行，能对成功解决问题起到一定的作用——尽管可能只是很小的作用，毕竟气候问题太大了——那这件事就是值得你投入的。所以我并不是说气候问题不是一个值得解决的议题，只是说大家不仅需要想清楚气候变暖是一个紧急的问题，而且要明白这是一个我们有可能对其产生影响的紧急问题。

让我们回到2009年你出版的《你可以拯救的生命》一书，在书中你提出旅行不应是漫无目的的，而应该具有某种目标，例如减轻人类的痛苦等。你认为旅行一定要有目的吗？

我认为是这样的。正好我们刚才谈到了气候变化，实际上我们的大多数旅行都会燃烧化学燃料，这也是我们的旅行需要一个目的的原因之一。人们经常会说："今天天气不错，咱们开车出去玩吧！"包括我小时候，父母也经常这样说。

于是我们就坐上车，开到丹顿农山脉国家公园去，也可能会停下来走一走，但基本上还是在

开车。放在现代社会，对我来说这就是一种不负责任的行为，因为如果你的行为涉及化学燃料的使用，你就是在加剧气候变暖，不管这个影响有多小，你都是在恶化问题。我们开车出去玩还需要一些有意义的目的，而不仅仅是“我就是喜欢”，因为你明明可以喜欢很多其他事情，例如纯粹出去走一走，不用开车的那种。后者对气候问题的影响就不会那么大。

在西方，我们把旅行看作成长的必经之路，我们从中学习、成长、收获快乐和美好的记忆。但对其他很多人来说，旅行可能意味着逃离饥荒、战争或迫害。这与西方人概念里的快乐旅程有天壤之别。我们对难民，我是说被迫成为难民的人，有什么样的责任？我们如何才能最好地帮到他们？

我认为我们应该帮助难民远离迫害，找到安身之所，这是澳大利亚的重大责任之一。同时要让一部分难民融入我们的文化中，我认为这是一个很重大的责任。然而你需要一个相当短期而非长期的历史观，才会认为“西方”观念和“其他”观念之间存在着重大差异。其实近年来西方社会也出现了大量难民，包括我的父母。西方国家的难民不如其他国家多这件事，更多的是一个地理问题，一个恰巧发生在当下的意外历史事件。这是会变的。我不认为这是西方独有的一个主题，只是目前我们的世界恰好如此。

还是移民的问题，我想听听你关于边界的看法。边界是地图上各国疆域的明确标记，是将人们包含在内或剔除出局的分界线。你认为边界这种对“你”“我”的严格区分是造成众多伤害的原因之一吗？

如果我们生活在一个理想化的理性世界中，我的回答是肯定的，我们不应该有边界，我们应该允许人们在世界范围内自由来去。

但我认为目前为止，那只是一种幻想。在可预见的将来，人们还无法接受这一想法。所以实际上，在现实生活中，边界虽然的确是一系列痛苦的原因，但如果没有边界，可能你会有其他一些痛苦产生。街头会发生斗殴，人们会试图独占只属于“我们自己”的国家。这种情况已经在不少国家发生了，一定程度上也包括澳大利亚。当然欧洲也是这样，毕竟右翼团体的数量不断增加，势力也日益强大。

这是因为他们的经济实力更强，同时这也是个价值观问题。一定程度上这可以说是本国人与其他人之间的种族连接问题，这种连接是否紧密取决于他们来自什么国家。我认为欧盟（欧洲联盟）的扩张无疑是一件好事。有人可能会说扩张速度过快，不利于人们消化、融合，而且现在确实有一些反弹，但我坚信很多新加入欧盟的国家一定是能够从中获益的。这些国家比以往取得了更大的进步，一些诸如民主、人权、更高的动物福利标准等欧盟共通的基本准则得到了传播。如果不是因为将这些国家纳入欧盟，它们不会具有这些标准。所以尽管欧盟的扩张在很多方面都算不上完美，但我认为总体还是可取的。我也希望这样的变化最终可以扩展至全球范围，虽然我也知道离实现这个目标还需要一定时间。

你的工作需要你往返澳大利亚和美国之间，在不同的文化和气候之间转换，你会觉得自己在不同地方是不同的自己吗？身处不同的环境对你和你的身份认同产生了什么影响？

我并没感到我变成了另一个人。我觉得我还是那个我。可能在不同地方我提供给大众的想法是不一样的，毕竟美国和澳大利亚的知识语境不同——我在美国的发言可能会比在澳大利亚的更惊世骇俗一些，那么我的言论及其影响自然会有些不同。但本质上我还是同一个我。我并不觉得这两个我之间是割裂的。也许我搬去一个文化差异比美国和澳大利亚之间大得多的地方，可能会有不一样的感受吧。

我想这两种文化之间的差异是十分微妙的，尽管两国媒体对民众的影响都很大。

倒是没有我一开始想象的那么微妙。你可能会觉得，我看了那么多美国电影、电视剧之类的，两国文化好像挺类似的，但其实还是有区别的。当你亲身体验美国生活的时候，你会发现很多出乎意料的事情，例如美国人比想象中保守得多，宗教性更强，也有更多人反对政府、支持枪支等。当然美国人也深受媒体的影响，但媒体对美国民众的影响比对澳大利亚的还大吗？我不知道。我自己观察到的一个区别是，美国媒体具有更强的党派性，所以保守的民众倾向于观看极度保守的电视台，他们的想法就会得到强化，右翼保守党和他们——好吧，美国其实不存在真正的左翼，我们姑且称之为中间党派吧——之间的鸿沟就会不断加深。这种情况在澳大利亚倒不至于那么严重。我不认为我们有这种持续输出狭隘的政治观点的电视台。所以这可能是澳大利亚和美国之间的一个差异，但我认为也许澳大利亚人同样深受他们媒体的影响。

回到你的个人旅行经历，哪段旅行对你的影响最深？

嗯，如果我们说的是广义上的旅行，而不限于旅游，那么对我意义最重大的无疑是去牛津大学读研，因为它彻底改变了我对哲学和伦理的认知。我大多数根本性的哲学观点都是在牛津大学的那段时间形成的，特别是关于我们该如何对待动物这一伦理问题的想法，就来自我与其他牛津学生的讨论——其实也不是英国学生，虽然小组里也有几个英国人，但主要是加拿大人。如果我待在澳大利亚就不会遇到他们，也就不会形成我现有的这些动物观，因为这些观点是来源于我和他们的对话。我觉得那可能会影响我的整个世界观，因此我坚信对我影响最大的旅行就是去英国读研。

你有什么想补充的吗？例如能否给这篇访谈的读者一些建议？

我认为新兴的利他主义运动的支持者是一群找到了创造人生意义的方法的人，他们找到了给人生带来方向的重要事业，也的确给很多人带来了积极影响。我把它看作宗教在尘世中的替代品。我认为人们可以去思考如何给世界带来最大的善意，以此赋予人生意义。我希望更多人能受到感化，站出来参与利他主义运动。

如果我们生活在一个理想化的理性世界中，我的回答是肯定的，我们不应该有边界，我们应该允许人们在世界范围内自由来去。N

无所不至

安东尼·夏普

她走过来的时候，我往椅子里陷得更深了，试图让自己变得更小、更不可见。小手缓缓在桌边摆起一群小动物雕塑。雕塑很好看，手工制作的；而她不过五岁，她的妹妹甚至更小。“买一个吧，买一个吧。”她恳求道。她几乎用尽了全身力气来背诵她的台词，半是兜售的话术，半是绝望的乞求。“不用了，谢谢。不用了！谢谢！”意识到自己的努力只是徒劳后，她最终还是放弃了，颓丧着离开了这里。我也带着满腹的悔恨、犹豫、困惑和羞耻重新拿起手中的比萨。这些高高堆起的比萨现在看来就像是（因为它的确是）一盘文化异物。我不禁自问：我究竟为何要出现在这里?

在“发展中”国家旅行，每天都会遇到或大或小的伦理困境，这些困境仅凭发生的次数，就足以令人难以消化。我们以个人成长和探险之名，告别日常生活，让自己活成当代版狄更斯小说中的角色（当然是幸运的那群），享受这短暂的一瞬——哪怕只是数日、一周或一个月。

我们习惯将这类旅行视为开发我们“世界性”的一种方法，参与文化交互的一次机会。但事实果真如此吗?我们生动地描述旅途中的奇闻趣事时戴上的那副人格面具，是否离我们真实的自我相距甚远?当我们的所见所为——更不必说所消费的庞大数额——都与我们的日常生活有着云泥之别时，这种比较是否还有意义?

那么当地人呢?他们也在这场交易中扮演着角色——通常是顺从的角色，掩藏他们作为尽心尽力的父母、社区领导、生意惨淡的商人或艺术家的真实生活，以此守住他们要赚的旅游收入。游客与当地人都在交换着自己非真实的一面，从根本上误导着彼此。

旅行曾被视为成长的必经之路，然而现在旅行的意义已远不止于此。旅行在一定程度上已成为一张社会护照，展示着一个人的身份、社会地位，乃至所属阶层。亚当·斯密写道："亚麻衬衫严格来说并不是生活必需品，但一个可靠的工人若是在公共场合没有一件这样的衣服就会感到羞愧。"如今，类似的景象也风潮日盛：有钱、有时间，也有旅行意愿的人，若是不出门旅行或是没"选对"地方，抑或是旅行时不够无畏，都得穿上一层由羞愧与屈辱包裹的外衣。至于何为对的目的地，其标准则如一切商品一般，并无定则。同时，社交媒体也为旅游业的兴旺持续输出一股由嫉妒转化而来的原动力。

甚至有一种声音说，偶尔的旅行正如一知半解般危险。我也是直到自己在国外生活、工作，寻得爱人，交到挚友后，才开始意识到我从前的旅行经历是多么浅薄、多么片面。

当我们对一个地方和当地人有了亲身感受后，我们很容易形成一些实则站不住脚的观念，既包括对一个群体相对良性的浪漫幻想，例如未被开化的"高尚的野蛮人"（或该词的现代说法如"友善的岛民""满足的部落原住民"等），也包括将一个国家完全抹黑成一个落后的、充满敌意的美食荒漠的恶意行为。然而判断的依据何在？从这样短暂的人为旅途、穷地探险中收获的见识恐怕还不如在家看看书呢！

这么说或许太愤世嫉俗了。旅行当然有开阔眼界之功效。它可以帮助我们更好地反思自己的生活，将自己置于一个更广阔的全球人类的范围中思考。至少理论上来说，它还能树立同理心和建造关照世界的桥梁。我们只是缺少旅行中所需的解决社会伦理困境的必备技能，而这样的困境在我们开始考虑下一趟旅行去哪儿的瞬间已然产生：是去"不民主"的斐济岛，还是"落后"的库克岛？我是去里约热内卢的贫民窟来一趟满足好奇心之旅更好呢，还是压根儿别去贫民窟更好呢？我要不要给流落街头的小孩钱呢？什么时候给好呢？

旅行的灵魂是自由、完全自由，是随心所欲地去思考，去感受，去行事。我们启程，所为的乃是摆脱所有障碍与不便之处——摆脱自我，更是摆脱他人。

威廉·哈兹利特，1822年

卡斯珀·大卫·弗里德里希，《帆船之上》，1818—1820年

即使旅行加深了我对世界的不公与残忍的认知，但问题仍然存在：我要见识多少肮脏落后的城市，多少破败不堪的村落，多少流浪街头的贫困儿童，才足以引起我的同情？

现实是，当我们收好行李箱，回归日常生活，我们留下的不过是一些拼拼凑凑的记忆碎片、几幅错位的图像和一二故事可说。幸运的话，还有一个听故事的人。

难处就在于我们是孤身一人处于这种困境之中。无人教会我们如何旅行，更重要的是，无人教我们如何回归，如何消化、吸收旅途中的人生课题。做得好的话——郑重仔细地保持对文化的敏感度，带着思辨去消化吸收——旅行是可以超越纯粹的享乐主义、文化窥私欲和非真实性的。

我还在想，我当时是不是该从那个女孩那里买点什么，或者给她点儿比萨。但她想要的是食物，还是钱？

也许我有比去第二次、第三次、第四次……第无数次国外更有意义的事情可做，我可以只在当地旅行，将多余的资金用于更有价值的社会事业。或许那时，小女孩就会拥有优良的教育机会，我也终于能不再感到愧疚，好好享受一顿午餐。N

当我们对一个地方和当地人有了亲身感受后，我们很容易形成一些实则站不住脚的观念。

寻找自我的冒险

弗洛拉·迈克尔斯

对我们大多数人来说，大冒险是别人才会做的事情。别人走出家门，踏入旷野，与自然环境做斗争；别人（大多数是男性，还留着大胡子）背着两周的食物穿越冰冻的苔原；别人奔跑数千千米横穿沙漠，孤身一人在海上航行，与鲨鱼为伴；别人在我们觉得冷到让人哭泣的环境里勇攀高峰。

这些满心欢喜地做出人们难以想象的、蔑视死亡的举动的“别人”，像是敢为人先的冒险家——他们比生活本身还要强大。当我们进行着小冒险时，例如忘了把车停哪儿，或者尿布袋里的湿纸巾用完了等，大冒险家正不断拓展着他们的人生边界，提醒我们人类在理论上所具有的无限能力。有时他们中的一个甚至会成为人类的代言人。想想雅克·库斯托，他在20世纪40年代与他人联合发明了第一个潜水氧气瓶，并将防水相机带入大海，第一次向世界展示了海洋的深度。

在理想情况下，这正是冒险所能实现的：为世界开辟新的视野。冒险甚至可以改变世界——改变我们看待世界、体验世界并在其中生存的方式——不仅是为了其他冒险家，更是为了我们这些待在家里的人。知道那些人在外面探索世界，挑战极限，为了寻找新的视野而奋斗，自然是振奋人心的，但同时是令人气馁的：他们让我们志存高远，也让我们只是想着梦想中的那些东西而已。梭罗说：“我们大多数人的生活都是一种安静的绝望。”冒险帮助我们想象如果情况有所不同，我们的生活将会是什么样的。

我们都具有心理学家黑兹尔·马库斯和宝拉·努里斯所说的“可能的自我”：关于我们想要成为谁，我们可能成为谁，以及我们不想成为谁的想法。“可能的自我”代表了我们是谁和我们可能是谁之间的鸿沟。它们是我们自知的生活结局，是我们的思维方式和行为方式之间的联系。它们是现在与未来之间的桥梁，激励我们改变自我，以实现我们想要的未来，或避开我们不想要的未来。

“可能的自我”的强大之处就在于它是一个宝库，装满了无数成为另一种人的可能性。作为大冒险家，我们不会疯狂刷新剧；我们不会在寒冷的早晨，在该钻出温暖的被窝，将自己丢进自然环境中磨砺的时候犹犹豫豫；我们会该生火就生火；我们迎风微笑，拥抱大自然向我们投来的一切；我们忍受着比大多数人更多的痛苦，也毫无怨言。在恶劣的天气条件和低温的威胁下，当著名的登山者汤米·考德威尔与同样著名的登山者亚历克斯·霍诺德一起在智利和阿根廷的边界攀岩时，考德威尔说：“亚历克斯和我都有一种心态，那就是勇往直前，直到危险降临。这可能很痛苦，但我们并不觉得自己要死了，所以我们选择继续攀登。”

也许正是这种承受不适的能力将大冒险家与更愿意待在温暖家中的人区分了开来。俄罗斯经济学家蒂博尔·西乔夫斯基认为，我们越富裕就越喜欢舒适，因为这是金钱所能买到的东西之一。但是，我们获得的舒适感越强，我们就越无法享受生活中的一些乐趣，就像你喝过的最好喝的茶是你一生中最冷的时刻喝到的那杯一样。舒适意味着你再也不必感受同样的寒冷了，但你再也不会体验到那杯热茶带来的强烈快乐。人一旦感到舒适，就很难再愿意承受不适，即使那不适中也藏着些许乐趣。

冒险帮助我们逃离日常生活，同时让我们更了解生活本身——一边逃离世界，一边步入世界深处。如果我们能直面挑战，冒险必将减少我们生活中的单调与烦琐，赎回那些在交通工具上或在荧光灯下的写字楼隔间里流失的时间。冒险的魅力在于，即使我们已等待许久才开始冒险，它也向我们保证，我们仍有时间体验真正活着的感觉。67岁的波兰皮划艇手亚历山大·多巴从2013年10月至2014年4月完成了历史上最长的跨大西洋皮划艇探险。他在接受采访时说，他并没有为这次航行做专门训练，他认为自己是一名游客，“而游客一般并不需要做太多准备”。

这种缺乏准备或准备已达极限，正是冒险的意义之所在。当我们陷入某种不确定的局面时，无论是主动进入还是为环境所迫，我们都已处于冒险之中。它会让我们感到不安、恐惧，甚至怀疑自己是否还能全身而返。当然我们大多数人最终还是能顺利回到出发地的，但归来的我们已不是当初的自己，变化已悄然发生。是与未知的搏斗改变了我们。极限体能冒险是面对未知事物的方式之一，但是这种探索并非所有人都可以进行。我们中有些人无力承担出行的费用，或者身体条件不足以支撑这样的旅途，还有许多人被牢牢地封锁在国境线内，无缘亲眼看见另一个国家或大洲。

尽管在遥远的角落进行对外部世界的冒险令人神往，但专注于身外之事，便容易错过内心世界的冒险。即使不去远方，我们仍能与未知世界搏斗——但途径是陌生化我们熟悉的生活。从神话的角度来看，我们赌上一切成为自己生命的主宰，不断击退人人都需面对的可怖的内心边界。作家、神话学者约瑟夫·坎贝尔是这样描述的："你如何实现自己独特的生活是未知的，因为同样的生活在地球上尚未存在。而你是唯一可以将它实现的人。人们可以提示你如何跌倒和如何站起；但何时该跌倒，何时又该站起，何时会跌倒，何时又会站起，只有你自己才知道。"

如果你足够大胆，请尝试向内和向外的双重冒险。尝试改变世界——改变我们看待世界、体验世界并在其中生存的方式——不仅是为了你自己，也是为了我们这些尚未准备好追随的人。然后回来告诉我们你看到的外面的世界和内心的想法。帮助我们拥有更大的梦想。

更好的是，帮助我们实现梦想。N

舒适意味着你再也不必感受同样的寒冷了，但你再也不会体验到那杯热茶带来的强烈快乐。

火车之旅

朱迪思·赖特

冷眠朦胧，月色昏沉，
我从火车垂下的混乱黑暗中
在冰冷的月纱下
看到你娇嫩干燥的乳房，我心中的国度；

还有那裸色山坡上的小树
像诗一样动人，清晰而尖锐
在干燥的空气中径自而飞，
在风和星的洋流中徜徉。

坚定你的力量，黄杨和铁皮。
用你坚固的根折断未磨的磐石。
从飞翔的黑暗中汲取露水的气息
直到死者在你之中复活。

在盲石之上，生切肤之感，
在贫原之下，起窈窕之舞……
我醒来，看见黝黑的小树在燃烧，
倏尔变作花朵，可爱更胜银月。

摘自《人类的模式：诗选》（悉尼ETT出版社）

道德空域
保罗·比格勒

一名被控通奸的年轻女子被带到一块荒地，三个男人在那里挖了一个坑。这名女子被埋在一个齐腰深的坑里，躯干像木偶一样支撑着大地。她的周围除了石土砰砰作响外，一片寂静。几分钟后，一群人开始聚在她周围，辱骂，向她扔石头。

如果我让你参加这样一场恶心的表演，你大概会拒绝我，或者揍我一顿。我打赌，生烹动物这样残忍的事你也不会去做。但如果我们在比亚里茨旧港钓到几只龙虾，菜单上有冰镇白诗南葡萄酒，那么也许我可以说服你把这些美味的甲壳类动物扔进一个冒泡的锅里。

你当然不会同意。经过长期内省，你已经形成了一种道德观，并认为自己一定有所为、有所不为。你认为虐待人类和动物是令人憎恶的，永远都是。如果我打趣说，当你走进一个不同的房间，或到另一个州或者国家，你的道德观就会发生改变，那你一定会忍不住发笑。先别急，下面让我们来听听我的第一个故事。

1963年，心理学家斯坦利·米尔格拉姆招募被试进行了一项记忆测试。在这项测试中，一旦被试回答错误，他们就要用电击来惩罚隔壁房间的人。在一名实验者的怂恿下，40名参与者中有26名都将隔壁那位虚拟人物折磨致死，而他们在实验过后才被告知隔壁没有真人。这些被试并不是波尔布特的某种克隆体，而是看到报纸广告来参加研究的普通公民。通过这一实验，米尔格拉姆证实了，道德准则并不像我们通常认为的那样，是某种坚不可摧的钢筋混凝土，而更像是一种张弛有度的印度橡胶。

在米尔格拉姆的实验室里只有一个绝对权威，但在真实的社会中，我们受制于各种各样精密的秩序。我们习惯于服从社会规定，因为跟他人保持一致既安全又合理。好比说，如果所有的瞪羚都吃草，而你吃了那些无人问津的紫色浆果，那么你就很有可能会有生命危险。再比如，每个羊群里都会有一些有效机制来确保个体不会离大部队太远。

我们都是天生的模仿者。如果我在你面前跷起二郎腿或者揉鼻子，那么你往往也会这么做。

如果我提前知道你的政治倾向偏左，那在我们见面之前，我就会自动把我的政治倾向朝左边调整。其实，我们就像变色龙一样，可以根据情况改变我们的道德色彩。

1964年，38人目睹了基蒂·吉诺维斯被刺死，案发地点就在他们位于皇后区的公寓楼下。

现场无人对受害者施以援手。虽然这种说法存疑，但公众的呼声还是让心理学家约翰·达利和比布·拉坦纳不得不介入调查。心理学家把目击者聚集在一个房间里，他们在那里可以听到隔壁有人犯癫痫的声音。实验显示，当参与者认为只有自己能听到这一声音时，85%的人会选择帮助患者。但当他们认为其他人也能听到时，就只有31%的人选择伸出援手。在不知道这是一个实验的情况下，他们甚至会放任自己完全袖手旁观。

会思考的人怎么会让这种事发生？如果你问心理学家乔纳森·海特，他会说：“思考只是道德舞台上的一个小角色。”社会传统往往会让我们预设一个道德立场，当我们看到不符合这一立场的行为时，就会非常愤怒。但在海特看来，事情发生的顺序恰好相反。当遇到不符合我们道德标准之事时，我们会先生气，然后再找理由解释我们的愤怒。

情感往往伴随着道德准则，无论是作为旁观者的冷漠、对乱伦的厌恶，还是对虐待的惩罚。我们总是随大溜，因为与众不同的感觉很糟糕。理智，往往是没用的马后炮。正如启蒙哲学家大卫·休谟所说，理性是“激情的奴隶”，所有的道德都取决于我们的偏好，当任何行为或品质以某种方式取悦我们时，我们就可以认为它是美德。

对游牧民族来说，新的土地意味着田园放牧的景色和异国情调的美食，但它也意味着一种截然不同的道德氛围，即使是善良的人也会为之着迷。人类必然是社会性的，这促使我们做出道德上的权衡，与统治者保持一致。我并不是说这会让粗放的旅行者变得野蛮，但这很可能意味着他们对前文提到的生烹龙虾的看法发生改变。N

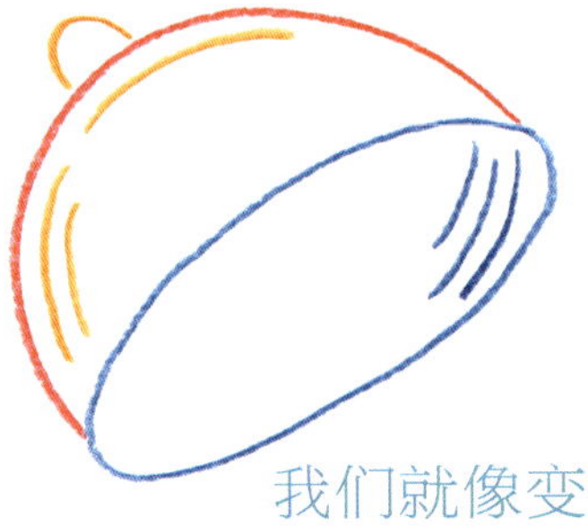

我们就像变色龙一样，可以根据情况改变我们的道德色彩。

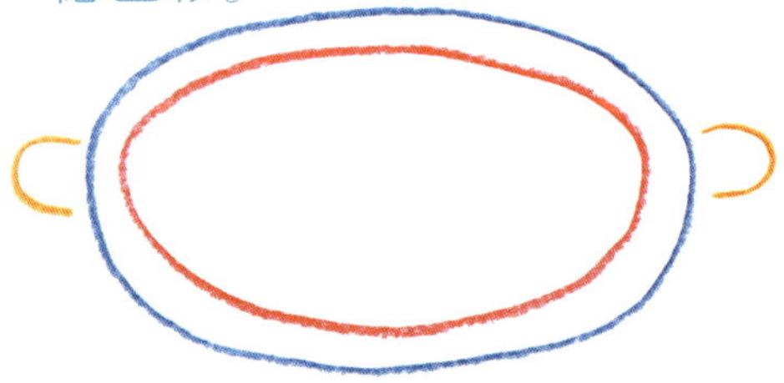

你只需要拥有你能一直随身携带的东西：对语言、国家，和人的了解。让记忆成为你的旅行袋。

索尔仁尼琴

新哲人

思想可以旅行吗？

达蒙·扬

没有哪艘游船能似书，
带我们离开故土；
也没有哪匹骏马比得上一页
跃动昂扬的诗篇。
最穷困的人也能踏上这段旅途，
不受路费的压迫，
那承载着人类灵魂的马车，
一向如此从俭！

——艾米丽·狄金森

全世界的书迷可能都会认同这句话：阅读就是休假。哪怕有的人会抱怨纸质书的价格，但艾米莉·狄金森从诗人角度做出的评价还是中肯的。花不到去伦敦折扣票1%的钱，你就可以在黛博拉·利维或阿斯·拜亚特的小说中度假。在书本里，旅行不受时间和空间的限制：我可以到达亨利·詹姆斯、塞缪尔·佩皮斯或塔西佗时代的伦敦。无论对学者还是阅读爱好者来说，文学是实现时间旅行的主要方式。当其与考古学结合，文学就能带我们走回那些被掩埋、被摧毁的车站（如罗马、伦敦等地的车站）。

人文学科也不例外。如果哲学是“柏拉图的注脚”，那么后世的哲学作品之所以有价值，只是因为柏拉图用笔写下了原著。从伊壁鸠鲁到霍布斯，从笛卡儿到萨特，伟大哲学家们的思想都在文本中流传。虽然有的哲学思想有着影响社会制度的力量，例如柏拉图、亚里士多德、奥古斯丁和阿奎那的哲学思想，都影响着基督教的宗教仪式和法律，但即便如此，它们也离不开文字的载体。哲学的主要议题、思想碰撞，都在狄金森那简朴的马车中穿梭。

但是我们的思想如何能旅行呢？首先，我们需要更好地认识思想这一概念。大卫·休谟在《人性论》中给出了一个有效的定义：思想只是模糊的、残存的印象。印象，则是我们对世界和自身的感受，无论是感官上的，还是情绪上的。休谟对此进行了细致而精妙的描述，其主旨是每种思想最初都源自一个印象。休谟所谓的“简单”思想在他看来是单一感觉的摹本，比如塔西佗的

《我的阿格里科拉》中关于伦敦的紫色部分。其他的思想则是“复杂”的结合体。比如，伦敦这一概念包含了无数想法片段：从泰晤士河、泰特美术馆到常年的蒙蒙细雨和城市里回荡着的“注意缝隙”的提示音。每一种想法，或正确或错误，或陈腐或怪异，都有感官或情绪上的缘起。

这听上去没什么特别的，但结果令我们感到惊讶。如果休谟是正确的——而且我们相信日常经验的话——那思想不能进行真正的旅行。人们可以坐着苦役船去伦敦，也可以坐着飞机去伦敦；书籍可以从仓库运到书房，也可以从博物馆运到阅览室。运动给我们带来了新的印象，从而启发了新的思想。但这些思想依然只存在于一个地方：我们脑海。

这并不意味着思考只发生在大脑里，用吉尔伯特·赖尔在《心灵的概念》中的话来说，思考是“机器里的幽灵”。思想来自有思想的人。而人总是不可避免地受到所处时间和空间的限制，只能用第一人称的视角看待世界。正因为如此，思想不能休假——它们与拥有思想之人的当下状况纠缠在一起。

例如，柏拉图在2000年前就有了思想。这些促使他写成《理想国》。他的著作被抄写在卷轴上，翻译成拉丁文，在几个世纪后，不断被再版和印刷，被翻译成各国语言，被上传网络和下载——我手机上就有一本。然而严格地说，柏拉图脑海里的想法从未公开。而是柏拉图的文字在读者那里激发了印象，印象又进一步转化为复杂的思想。更重要的是，从柏拉图早期的学院学生（如亚里士多德）到新柏拉图主义者（如普罗提努），再到基督教神学家（如奥古斯丁）等，都继承和修正了他的思想。

更进一步说，重点甚至不是我们能不能审视柏拉图的思想。重点是，我们所思考的那些从4世纪的雅典延续到今天的虚无缥缈的东西，很可能根本不是柏拉图的思想，而是我们创造和重建的一些概念，我们只是试图把它们和一个新的“柏拉图”联系起来。

同样，我从对伦敦的零星印象中拼凑出了伦敦的概念，并想象出我没有亲眼看到的一切。我从亨利·詹姆斯的《英语时光》中获得的许多19世纪伦敦的概念都是二手的，雾、马车、洗碗间等，大都来自墨尔本。就连詹姆斯自己有时也得靠想象来完成写作。他在随笔《伦敦》中写道：“虽然实际上，人们只生活在某个故事的某个情节的某个角落里，但在想象中，通过不断地对比和调整，有同理心的人能够生活在世界上任何地方。”

简而言之，说思想可以旅行不过是对另一种更复杂的往返的缩写。相似的思想可以出现在多个不同的地点和时间，其影响往往相同。思想无处可逃。但这并不意味着思想在哲学上的连续性是虚假的——比如我能够跨越时空去理解休谟——而是意味着我们必须意识到概念背后经验的微妙作用。当我们拿起一本类似休谟《人性论》的著作时，我们不能简单地打开书寻找那些被包装好的思想，而是要通过一生的感知，在阅读的过程中体会它们。

换句话说，我们从文学中获得的思想要求我们承担很大的责任。在狄金森简约的马车上度假时，我们既是驾驶员，又是乘客。我们每次阅读时，负责将印象——通常是白色上的小黑点——转化为一个世界。词汇是作者（或译者）的，但思想是我们的：它们由人类经验的合金锻造而成。

这也是哲学如此有价值的原因之一。阿尔弗雷德·诺斯·怀特海曾经写道，哲学是“对抽象的批评”。这似乎有些荒谬，因为忠于形而上学概括精神的哲学写作大都相当抽象。但怀特海的观点是，我们需要哲学来消除我们的思想中虚假的想法。在与休谟等思想家争论时，怀特海指出，虽然我们确实有“清晰而独特”的印象和思想，但现实世界一团乱麻。究其根本，现实不是由单个原子构成的，而是由一些能量互相作用的过程构成的。正如怀特海所言，大自然是“各种活动相互关联的剧场”。我们可以像休谟那样强调某些静态的印象和想法，但也如怀特海所说，这些总是整个动态游戏的一部分。正因如此，哲学的工作并不仅仅是整理思想。相反，哲学很强调概念的起源：概念起源于一个更大的世界。

这可以帮我们思考以阅读的形式来休假一事，无论按千米还是按年，通常情况下，正如怀特海所说，我们的语言都“沉浸在社会交往的即时性中”。但是当书页移动时，文字则会从一个海洋运动到另一个海洋。这些词句，以及它们所暗示的世界，似乎是那么清晰、接近和明亮，然而它们陷入了生活的旋涡中。我们的思想来自印象，但思想和印象都来自内心的深处。如果没有像书那样的护卫舰，哲学家阅读时就总会碰到暗流和暗礁。N

思想不能休假——它们与拥有思想之人的当下状况纠缠在一起。

六位思想家

旅行

荒谬主义者

阿尔贝·加缪
1913—1960年

巨石仍在滚动

在西西弗斯回到他的岩石旁的微妙时刻，他回顾着自己的一生，那无声的转动使他深思一连串不相干的行动，这些行动变成了他的命运，由他创造，在他的记忆中结合起来，不久被他的死亡封闭。他深信人是人类的全部起源。作为一个盲人，他知道黑夜没有尽头，但他仍渴望去看，他仍然在赶路。石头仍在滚动。

哲学家

苏格拉底
公元前469—前399年

正确和错误的知识

如果死亡是去往另一个世界，就像人们说的那样，所有的死者都在那里，那么朋友和法官啊，还有什么比这更伟大的好处呢？最重要的是，无论在哪个世界，我都将继续探索知识。我要搞清楚谁是聪明人，谁在假装聪明，况且……能和另一个世界的智者交谈，向他们提问，那该有多么快乐啊！在那个世界里，他们是不会因此而判人死刑的，当然不会。如果那个世界真实存在，那么它不仅比这个世界幸福，还会是不朽的。

存在主义者

索伦·克尔凯郭尔
1813—1855年

关于感受的絮言

我们的时代要求更多：如果不是崇高的悲情，那么至少是响亮的悲泣；如果不是猜测，那么至少是结论；如果不是真理，那么至少是理由；如果不是正直，那么至少是正直的抗议；如果不是感觉，那么至少是对感受的重复表达……它不允许一个人静止不动，集中精神。哪怕只是慢慢行走，也已经十分可疑。在我们生活的这个激动人心的时代，在这个大家都认为孕育着非凡的时代，我们怎么能忍受这样的事情呢？

人为何需要移动？又为何选择启程？六位名家阐述了他们对人生这趟旅程的理解。

人道主义者

米歇尔·德·蒙田
1533—1592年

诗人的"黄金时代"

我们见证了诗人的"黄金时代"，也亲眼见识过没有复杂法律的国家是如何运转的：在一些国家，人们会随手抓住第一个经过的路人作为他们唯一的法官，为他们评判对错；而在另一些国家，人们则会在赶集的时候，当场从人群中选出一个人来裁决纷争。那在我们国家，我们也可以由我们之中最聪明的人根据已知情况和眼见为实的证据来做出判决，而不必承担成为典型案例的负担，也无须考虑对其他法律的影响，而这样做又能有什么危险呢？每只脚都有适合自己的鞋子罢了。

模态实在论

大卫·刘易斯
1941—2001年

时间旅行

我坚信，时间旅行是可能的。穿越时空这一悖论听来怪异，却并非无中生有。虽然目前研究成果有限，但毋庸置疑的是，真实发生穿越的世界是一个最古怪的世界，从根本上不同于"我们"的世界……世界——无论是时间旅行者的世界还是我们的世界，都是一个由事件构成的四维体。时间和空间一样，是四大维度之一，两者仅在遵循的普遍自然规律这一点上有所区别——或更确切地说，这种差异也许存在于各种各样的类时间维度和类空间维度之间。

诗人

乔治·桑塔亚纳
1863—1952年

永存幻想

去滋养你的幻想，爱它，赋予它各种形式，但不要让它欺骗你。去享受现实世界，周游列国，用脚步丈量土地，但不要让它限制你……将人和事物装进脑海，是拥有它们的唯一途径，拥有它们的实体或权利，则是一种负担、一场骗局。

图片：比约恩·克里斯蒂安·托里森

梦想之轨

采访者 | 赞 · 博格　受访者 | 迈克尔 · D. 杰克逊

你在很多不同的地方生活过，这些地方有着不同的文化、语言和气候，"旅行"对你来说意味着什么？

我的旅行冲动来源于诺曼·O. 布朗所说的俄狄浦斯情结——一种想要离开父母，去创造家以外的新世界的普遍冲动。旅行是这种需求的一种典型的表达：旅行者想要有一个自己的家，并在更广阔的世界里留下自己或这一家庭的印记。但是一个人要走多远，冒多大的风险来实现这种分离，因人而异，也因社会而异。作为启蒙的一部分，一名年轻的澳大利亚人会沿着他祖先的梦想之轨旅行，拓展自己的世界，造就一个范围惊人的地理神话时空。在非洲西部，一个人出生的村庄外围的丛林象征着外部世界的危险。这也是为什么一个人最初的旅行会从这片丛林开始。冒险进入丛林或搬到村庄以外的地方，就意味着进入一个完全属于自己的世界，成为一个大人。作为一个在新西兰乡村小镇长大的孩子，我从小就感受着来自国外的吸引力。我渴望逃离这个让我感到不满足和格格不入的狭小世界。我喜欢阅读游记，用充满异国情调的故事充实我的想象力，我在这些故事里看到了最黑暗的非洲、婆罗洲的野人、南海上的食人族和荒岛。在大学里，我的许多同龄人都吸毒，对不合群的我来说，到另一个地方重生的梦想支撑着我度过了在家乡的那些年。这就是旅行于我而言的意义——去发现地球上，完全不同于我出生和成长之地的其他地方，在那里我能经历一次新生，成为我渴望成为的人。然而，我花了很多年时间去旅行——我去了澳大利亚、印度、欧洲、非洲中部——然后才意识到，单靠旅行无法改变我心中的想法。要想达到我想要的蜕变，我需要更深入、更持久地沉浸在某种陌生的环境中——直到我遇到民族学，我才真正实现了我想要的蜕变。

旅行时，我们把自己从自己的“安全地带”抛向另一种文化，抛入一个不同的环境之中。如此，我们就能通过“当地人”的眼睛来感知自己作为外来者的不同。这对我们的自我意识会有什么影响呢?对我们来说又有什么价值呢?

目前我正在着手开展一项重塑自我的计划，因而我欢迎任何可能帮助我摆脱“虚假自我”的经验。

我会欣然接受在一个陌生的地方迷失，听不懂当地的语言，吃不惯嘴边的食物，要去适应陌生的习俗——这些令人困惑的经历是一个人为了重生必须付出的痛苦代价。我想用全新的视角、别人的视角来看待这个世界。民族学让我摆脱了自我，让我从一个完全不同的角度来看待事物。自我开始改变，改变本身成为自我。然而，习惯的力量还是强大的。在一个遥远的非洲村庄，我会突然对身后的世界充满怀念之情。我会躲进小木屋或旅馆，读一本英文小说，写一些关于新西兰的东西，从对周围事物失去控制甚至失去理智的不安中获得一些喘息。

人们旅行的原因有很多，为了工作，为了休闲，为了体验，或者为了逃避。我对以休闲为目的的旅行和那些迫于战争、饥荒、政治环境和贫穷而进行的旅行之间的区别有很大的兴趣。我很关心这会如何影响“旅行者”？当一些旅行者知道没有回头路可走的时候，他们会怎么想？

我在塞拉利昂实地考察时观察到一些颇为讽刺的现象，每次回到位于该国北部偏远地区的“我的村庄”时，我都会遇到愿意为去美国或欧洲而付出一切的年轻人。他们想象着自己将在这些地方经历奇迹般的转变，就像我曾经想象自己会在他们的家乡经历的那样。但我也总是意识到，与他们当中那些真正移民北半球的人相比，我过得多么轻松。在他们的家乡，我总是受到热情的接待，他们在“我的世界”里却经常受到诋毁、轻蔑和虐待。更令人悲伤的是，他们的旅行往往没有回头路。作为难民，他们因为害怕受到迫害或担心被战火波及而不敢返回故土。他们同样不能面对回国时一无所有、无法与亲人分享旅途的耻辱。对我来说，我的机票都是有返程的；而对他们来说，没有回头和前进的道路——他们卡在命运中间。然而，我关于身处欧洲的非裔移民的书《退出生活》（*The Wherewithal of Life*）显示，总有一些经历在支撑着一个人坚持下去——来自陌生人的善意，想要孩子享受你没有拥有过的机会，人类的想象中永恒的希望，或者生活总是在不断变化，一个人永远不知道明天会发生什么。一个人也许哪里也没有去，但在他的想象中，在他的梦境里，他总在某个地方或某个时间旅行。

如今，科技让人们可以通过网络与世界各地的人交流，观看关于远方国家和文化的图片和视频，虚拟地“旅行”。他们不出家门就能感觉到自己身处某个地方，体验着某个地方。但在我看来，这还不够。在讨论德雷福斯和梅洛-庞蒂对虚拟旅行的看法时，澳大利亚哲学家帕特里克·斯托克斯表示它“缺乏身处当地带来的风险，那种纯粹的脆弱性源自我们因和别人在一个空间而变得脆弱的身体”。那么，你对虚拟旅行有什么看法呢？

在他的想象中，在他的梦境里，他总在某个地方或某个时间旅行。

就像偷窥狂一样，游客总是小心翼翼地让自己和周围的环境保持安全的距离。

我用民族学知识以及虚拟和真实旅行之间的区别来回答这个问题吧。我最喜欢的一本书是瑞典民族学家奥瓦尔·洛夫格伦写的关于度假的历史。洛夫格伦说到了旅游的两个基本哲学，一个是基于“看世界”的愿望，另一个则是基于“摆脱这一切”的欲望。从18世纪到20世纪，这些哲学一直在致力于探索人们对其他地方的渴望如何能以最舒适、最时尚、最激动人心的方式得到满足。读了洛夫格伦的书，我不禁认为虚拟旅行是一种偷窥，而不是真正的旅行。有一年，我和妻子住在约克角热带雨林东南部的一个原住民家庭里，那时我们偶尔会开车去凯恩斯实地考察，买生活用品。有一次，我偶然走进了丽笙酒店的大堂，它是一座由塑料和石膏建造的雨林。虽然这个雨林里的河流、石头上溅起的水花和在瀑布下游泳的金鱼都是真实的，但也改变不了这片森林复制品的本质。石膏制成的食火鸡、树袋鼠、青蛙和乌龟栖息在人造的树叶上。填充的蛇、鳄鱼和负鼠潜伏在长满塑料藤蔓和附生植物的石膏树下。在这片人工荒原上漫步的日本游客，却仿佛没有意识到这些，他们的身体散发着肥皂和洗发水的味道，皮肤像瓷器一样光滑。其他游客则坐在桌边，与旅行社讨论去珊瑚礁或雨林旅游的计划。还有一些人戴着太阳帽，准备出发去码头购物。这个世界与我刚刚离开的勃鲁盖尔风格的世界是如此不同，这让我回想起那些流动的、多变的、临时拼凑起来的常规，这些常规支配着我们在野外的生活，它与一种古老的游牧生活遥相呼应——我们总是在寻找食物和美酒；在公园、酒吧、停车场、铁路调车场、廉价的地皮和客栈里寻欢作乐、闲逛、等待、打架、分分合合。我回想起一周前我们去艾顿北部的旧糖厂的旅行：热带雨林占据了腐烂的废墟，莉齐挖着破烂的鸡蛋，梅布尔警告我们注意路边的迷幻蘑菇、掉落的血木树枝和干树叶下致命的毒蛇。

我穿过酒店走进购物中心。

一位大腹便便的游客正拿着一张大大的保罗·霍根扮演的“鳄鱼邓迪”的照片拍照——他戴着一顶镶着塑料鳄鱼牙齿的亚库布拉帽，手里拿着一条填充的蟒蛇，背景是一幅雨林画像。其他人则在翻动画着原住民部落图案的厨房毛巾、腈纶波点画布和彩绘飞镖。

我注意到一对年轻夫妇，他们正看着相机屏幕，一脸开心，活力四射，我怀疑四周真实的世界能否和眼前的屏幕一样吸引他们。或者，这种快乐不是来自事物本身，而是来自照相机赋予的指令感和控制感——一种你已经捕获并服从于一个缩小版的自我意志的世界的感觉。而实际上，你几乎无法掌控这个世界。或许这也就是为什么游客经常通过照相机和参观博物馆来观察世界。照相机使他们能够捕捉和驯化现实，哪怕这正在使世界变成一个无机物的合集。

如今，人们有时会将民族学田野调查与旅游进行类比。他们认为，这都是有关旅行，关于跨越边界，模糊和混杂，文化全球化的问题。这种舒适、阿基米德式的“远眺”让我回想起一百年前在野外作业传统中黯然失色、不被重视的人类学。问题的关键并不在于相比游客的目光，民族学是否能给我们提供关于他人生活的“更真实”的见解，而在于去访问而不是实际生活在另一个社会的体验。这种区别可以被比作魔法行动和政治行动之间的区别。前者是一种游戏形式，在游戏中，一个人与现实世界的一个同源物相联系——一个玩具，一个缩小的形象，一个模拟物——因此可以避免与自己感兴趣的对象直接接触，比如去往动物园或博物馆可能带来的风险。第二种方式涉及与他人面对面的互动，因此，一个人可能会失去自己的稳定感、安全感和身份认同感。旅游是与世界建立联系的另一种方式。正如奥瓦尔·洛夫格伦所言，旅行提供了“一个文化实验室，在那里人们尝试他们新的身份、社会关系，或与自然的互动”。但洛夫格伦强调，这种实验是由“白日梦和思维旅行的文化技能塑造的。在这个领域，幻想已经成为一种重要的社会实践”。去度假是为了“摆脱一切”，而不是用困难替换困难。民族学田野调查持续时间长，还包括直接参与和社会承诺。尽管人们无法完全摆脱民族中心主义和幻想，但民族学者致力于采用汉娜·阿伦特所称的“访问想象”的系统形式，在这种形式中，人们将自己置于他人的位置，不是为了梦想，而是为了完成这样的任务：看看通过沉浸在另一种生活方式中，一个人的认知可以在多大程度上被改变。

人们还可以看到旅游和民族学在定位方面的不同。

就像偷窥狂一样，游客总是小心翼翼地让自己和周围的环境保持安全的距离。虚拟旅行只是让这变得更容易。比如，游客会好奇地坐在旅馆附近公园的罗望子树下看着原住民，想靠近但又不想过于投入。他沉浸、着迷、被当下吸引，但又不想被与他人的相遇打扰、追责，不想被挑战或遵循当地的习俗，不想走出自己的舒适区和安全区。游客往往只通过拍照或是购买民俗纪念品来定位自己并将其带回家，写出一个故事，但他不会真正进入另一个世界。或者，他会和保罗·霍根拍照，或是观看一些部落戏剧、传统舞蹈，想象着如果出生在另一个时空，他将会如何度过一生。N

迈克尔·D.杰克逊是一位新西兰诗人和人类学家，现在他作为荣誉教授任教于哈佛神学院。

时间旅行：欢迎来到未来

罗素·布莱克福德

在19世纪的最后几十年里，数学家和科学家开始把时间理解为理论上我们可以在其中旅行的第四维空间。如果过去和未来是真实的地点，那我们为什么不以游客或探险家的身份去那里呢？你可以成为一个时空旅行者，在时间里穿梭。

20世纪的一些哲学家认为这种观点是不全正确的。时间旅行似乎包含了这样一种可能性：我可能在出生前就死了，我可能在睡觉的时候吃过早餐，等等。这听起来多少有点自相矛盾。但是，科幻小说的作者已经写出了一些复杂的、没有矛盾的时间旅行故事，哲学家也在20世纪70年代做到了这一点——大卫·刘易斯就发表了一篇颇有影响力的论文，细致地解释了时间旅行是如何始终如一地运作的。

刘易斯依赖的是外部时间和个人时间之间的区别，外部时间是由时钟和日历（例如1915年、2015年、3015年）测量的客观时间，而个人时间则由个人生活中事件的因果顺序规定。如果你把自己想象成一个四维宇宙中的四维蠕虫或许会有所帮助。蠕虫的第一段是婴儿时期的你，最后一段则是临终之前的你，介于两者之间的是现在的你（我们可以把这称为人的阶段或时间的部分）。为了方便起见，我们也可以忽略其中一个空间维度，想象一个包含一条蠕虫的三维模块，它沿着代表时间的方向（也许是从左到右）伸展。

蠕虫可能会首尾相接（你开始在外部时间里向后生活），但内部的因果关系被拉长（你的主观时间已经变慢了），或者蠕虫的外部皮肤甚至有缝隙（你在时间上跳跃，但是蠕虫内部的因果关系在这些间隙中不变）。一旦我们以这种方式想象时间和时间旅行，我们就可以解决一些明显的悖论。例如，如果（由于时间旅行）你在出生前就死了，那么通过计算出在思维空间里你所在的虫体的形状，这个悖论就可以被解决。这只需要在外部的时空中，让蠕虫的尾部比头部存在得更早，而你可以想象或者画出满足这一描述的许多形态的蠕虫。

一些物理学家提出，时间旅行不仅在他们的方程中是可能的，在物理上也是可能的。你可以穿越到未来，这“只需要”以极高的速度进入遥远的太空，然后返回你亲爱的旧地球。如果你以接近光速的速度旅行，那根据相对论，时间对你来说就相对变慢了——所以当你回来的时候，你还年轻，但几百年或几千年已经过去了。那么，欢迎来到未来!

穿越到过去在科学上更具争议性，即使它在理论上是可能的，也需要极致的时空工程才能达成。也许，当我们考虑更深入、更困难的一系列悖论时，情况也会如此。

这方面最著名的还是“祖父悖论”。如果你穿越到过去，那么是什么阻止你采取一些自相矛盾的行为呢？比如在你的祖父还是孩子的时候杀死他，从而阻止你自己的存在和出生。你

一些物理学家提出，时间旅行不仅在他们的方程中是可能的，在物理上也是可能的。

会失败的，不管你训练得多好，装备有多好，采取了什么预防措施，做了多少尝试。神奇的是，你的每次尝试都会出问题（你的枪卡壳了，或者你打了个喷嚏，或者一只野鸟挡住了子弹……）。毕竟，你的祖父并没有在有孩子之前就去世。

制造这类悖论，你甚至不需要像一个全副武装的凶徒那样，亲自到场做出任何改变：你只需要向过去传达一个简单的信号。因为这样一来，你就足以给自己建立一个逻辑上的自我抑制因子。我这里有一台这样的机器（我欠哲学家威廉·格雷的），当然，你也能想象出一个其他差不多的。

现在，让我们想象，我们制作了一个带有可以激活雷管的发射器和接收器的爆炸装置。当你按下发射器上的按钮时，它会在过去一小时向接收器发送一个信号，告诉它：看！这个装置一小时前就爆炸了。然而，如果装置不存在了，你就不能按下按钮，这就说明它没有收到信号，也没有爆炸。等等，我们似乎没有理由说这样的装置不能用可靠的部件来制造，但是，就像“祖父悖论”一样，它们总会出问题。而这些悖论对物理学和哲学有着无穷无尽的影响。目前，这些问题还没有被完美解决。所以，如果你想成为一名时空宇航员，那祝你好运。N

Writer

在此，我们将展示主题为“进步”的第六届“新哲人”作家奖的获奖作品。来自伊丽莎白女王医院的科学家麦琪·博尔特以《你看上去像一个傻子，布朗先生》一文摘得桂冠。悉尼港务局设计部主任迈克尔·多诺休的作品《倒进未来》屈居第二名。

获奖作品第一名

第6届“新哲人”作家奖

你看上去像一个傻子，布朗先生

麦琪·博尔特

“了解历史不仅仅是一种消遣。没有它，我们就不得不再去探索那些滋养了创新和进步的沃土。没有它，我们将失去许多吸取教训的大好机会，再次遭难。”

——R.P.斯奈斯博士，精神科医生，渐进护理和康复委员会主席

当我说我的伯祖父曾因被诊断为白痴而进入收容所的时候，我们一群人正在熬夜喝酒。我一说完，一位朋友就开始发笑，先是噗嗤一声，然后笑得震耳欲聋，她说不妨去看看医生。但医生听到我的故事后说：“布朗先生，综合考虑所有情况后，我认为你才是那个白痴。”话音刚落，我们又笑作一团。

几天后，国家新闻报道说，一个丢了钥匙的人决定从外面进入自己锁住的公寓。达尔文奖得主的基因在他做了一件大蠢事后没能传给下一代，而这个人不同，他从六楼摔下来后，尽管受了重伤，却没能殒命。布朗先生，你是个白痴。

实际上，根据《精神错乱法案》，伯祖父西德尼被送进收容所是因为他是一个精神紊乱的人，而不是一个白痴。在1917年，有三类人会被送入收容所：疯子、白痴和精神紊乱者，这样的分类在当时简洁而有效。而跟着这位17岁少年进入收容所的表格，却包含着更多那个时代的信息。这位年轻人既没有挨饿，也没有过度劳累，更没有发热或中暑。他没有生意上的烦恼、放纵的亲戚或是家庭纠纷，也没有被肺结核困扰。作为一个17岁的孩子，他身体健康，不工作，没有结婚，却从8岁起就患有癫痫。

根据家族史记载，这就是问题的症结所在：西德尼因为患有癫痫而被送进了一家精神病院。当时的医疗条件很粗糙，我们的家人对此感到非常难过，但或许暗暗有一丝庆幸。在那个人们不断为了战争生产钢铁，为了取暖开采煤矿，梦想着能凭借物理学和时空科学建立新世界的时代，对癫痫患者的治疗只发展到把他们关起来，等待其自愈的阶段而已。然而，鲜有人能够痊愈。

不过，最近公布的医疗记录也提供了一些关于西德尼的额外信息。西德尼很暴力。他曾因在街上殴打了一名女邮差，而被当地的济贫院关了几个月。填写“接待穷鬼疯子”表格的人说他脾气暴躁，动不动就吵架，一言不合就打人。西德尼刚进救济院，准备铺床时就动手打了病房的一名医护人员。就连他的父亲也说他“脾气总是很坏，经常使用暴力”。他殴打他的兄弟姐妹，“扭了他们的手”，还“把祖母打得鼻青脸肿，父亲无法控制他，母亲也很怕他”。

他显然不是一个容易相处的人，他的父母为了生计搬到了一个人口密集、社区关系紧密的工薪阶层居住区。他在那里一定受了不少屈辱。据说，他的病情来源于头部的伤（“八岁时头曾撞在碗柜上”）——那时，受社会达尔文主义和优生运动的影响，人们一度对“堕落”这一概念非常警惕，优生学乐于鼓吹人类“种族”间的差异，蔑视下层阶级。大环境如此，看来这家人别无选择，只能把西德尼送进公立医院。也许他们甚至还觉得自己很幸运，谁知道呢。毕竟这意味着他们能有时间来照顾其他七个心智健全、有赚钱和生育能力的孩子。

20世纪初，机构化的精神科开始盛行——仅在英国就有15万人被送入精神病院。到20世纪50年代，“疯子”大约占据了一半公立医院床位。疯子不在我们身边，他们在别处，以一种在西方历史上前所未有的方式被边缘化。

限制精神病患者的活动范围有好处吗？答案似乎是肯定的：这为医生提供了检查、测量、计算和研究他们疾病的机会。医生还能借此机会测试药物、休克疗法、胰岛素和全额叶白质切除术等对患者的疗效。这些无疑都能让医生更专注于攻克此类疾病。

制度化似乎是一个巨大的飞跃。18世纪的私人疯人院多以恶劣的环境而闻名，参观戴着镣铐的疯子为无聊的“正常人”提供了娱乐。西德尼在入院表里填写的内容透露着一股宗教狂热，这表明当时的社会不太能容忍那些认为自己能与上帝有直接联系的人，尽管他们在过去更容易被接纳，比如受人尊敬的圣女贞德和卢尔德的伯纳黛特·苏比鲁斯。精神护理领域的新专家肯定比那些认为恶魔或月亮会引起癫狂的人更有优越感。

像维多利亚时代大多数的哥特式收容所一样，悉尼的收容所坐落在乡村，远离城市的灰尘、烟雾和脏乱。作为一种治疗手段，患者被鼓励在花园里工作。但是西德尼的记录显示，无论是否工作，他都是一个迟钝、阴沉、冷漠、混乱、孤僻的人。他容易和人发生争执，性格冲动而危险。西德尼对有图书馆、外科诊所、药房、舞厅、肉铺、乳制品店、面包房、铁路、糖果店、鞋匠、家具商和裁缝店的收容所社区可能没什么兴趣。也许他也不参加工作人员提供的诸如足球、板球等运动，也不爱唱歌、表演或弹琴。收容所的门都锁着，宿舍里又黑又挤。

可怜的西德尼每天都有一次严重的癫痫发作，每次发作他的大脑都会更加缺氧，最终，他完全失去了交流的能力。他那肺炎导致的死亡或许是一种解脱，但二战中真实世界的疯狂让它黯然失色。

20世纪60年代，犀利的英国政治家伊诺克·鲍威尔呼吁关闭收容所。后来，玛格丽特·撒切尔完成了这一任务。到20世纪末，住在收容所的患者基本被遣散。新的社会价值观要求患者在自己的社区内被照顾。有了更好的药物治疗和更易找到的专业人员，精神疾病是可以被治疗和治愈的。这些人再也不用被关起来了。

美国则不是如此，司法部报告说，超过50%的囚犯有严重精神疾病的症状。在英国，70%以上的囚犯患有两种或两种以上的精神疾病。如果你认为20世纪50年代收容15万名患者这个数字很大，那么与2015年一份报道的数据相比，它就显得微不足道了。该报告估计，英国因心理健康问题在急诊接受治疗的人数已从2002年的33万上升到了2014年的100多万。目前，政府已停止公布这些数据。

自20世纪50年代以来，通过美国精神病学协会出版的《精神疾病诊断与统计手册》，我们可以看到专业人士对“疯狂”的看法发生了怎样的变化。就像西德尼所填之表上的问题一样，手册中有什么以及省略了什么，都告诉了我们有关那个时代的很多信息。直到1974年，同性恋还被列为一种反社会人格障碍。在2013年版中，丧亲之痛被视为一种精神障碍。“疯狂”永远在变异。

未来关于疯狂的研究告诉了我们什么?也许反常的行为会在我们的胚胎基因中变异，药物治疗甚至会让他们变得更有攻击性。有时，极端的行为也可以被视为积极的。在社会中，名为“失衡”的品质可以被应用于各种活动中以增加特点。社会行为方面，或许人们会将战争或偏执倾向视为疯狂。事实上，对疯狂的定义和态度将为时代提供一面镜子。并且，布朗先生，虽然你可能不认为自己是一个疯子或精神不正常的人，但这只能表明你是一个白痴。N

倒进未来

迈克尔·多诺休

路德派对进步一事略知一二。1812年，这群机械破坏者为摧毁革命性的纺纱机，砸碎了纺织厂的大门。他们甘愿承受绞刑绳索的粗粝，也要努力抑制精细织线的生产速度。在19世纪的北英格兰部分地区，纺织品由此成为一件生死攸关的大事。半自动化纺织机的生产效率远高于传统机器，且对劳工的技术要求相对较低，这向织工发出了信号：留给他们的时间不多了。

此次冲突火力猛烈，尽管有著名诗人拜伦的支持，但路德派因受到死刑的威胁，仍然在短短几年之内便偃旗息鼓，而工业革命则掀起了一股狂潮，向着技术革新一路高歌猛进。如今，“进步”二字似乎已与科技密不可分。一个国家可能会根据经济实力和基础设施水平的提高计算进步的程度，但是我们人类作为一个物种，则会使用科学和技术这对双生神作为标杆衡量我们进化道路上的进步。

科学因其假设之大胆及逻辑之清晰在我们内心激起了一股敬畏之情。技术的发展也引领我们走向一个更高效、更便捷、散发着蓬勃生机的未来。我们被新鲜事物吸引，并沿着阻力最小的道路前进，一路的标志提醒着我们积极向上、勇往直前。

科技将我们带上了一段即使是最有远见卓识的路德派也无法想象的旅程。从对物理宇宙的理解不断加深到使人类成为人类的编码DNA元素，我们以越发高涨的热情梳理、理解着我们的存在。

在关于进步的线性叙事中，科技似乎赋予了我们对工具的最终掌控权，使从打火石发出的第一个偶然的火花发展至威力足以颠覆人类认知的核聚变技术。看来我们已经能够根据自己的需求改造我们周围的世界。又或许，我们果真可以吗？

就在不久之前，技术还被视为伟大的解放者，它使我们摆脱日常工作的暴政，并赐予我们私人时间这一至高无上的馈赠（其变化之大足以使任何一位路德派成员在九泉之下辗转难眠）。当然，这没有发生。相反，技术仅仅在一味地加快步伐，奴役劳工，要求他们在不断压缩的时间内不断提高生产效率。更糟糕的是，技术减弱了我们与手头工作之间的联结，将我们的“灵魂”从工作实践中抽离、丢弃。我们在一个为即时性歌功颂德的环境中工作。我们以更快的速度、更高的频率与更多的人交流，但交流的深度和人与人之间的联结在下降。

技术已成为我们体验世界的滤镜。它剔除了每段体验中几不可见的杂质，消解了其复杂性，因而稀释了体验的浓度。技术的影响越大，其滤镜就越深，我们也就越发割裂、越发远离真实。

技术允许我们灵巧地滑过体验的表面，但也创造了一股不懈的动力，推动着我们向着一个更快、更新、更辉煌的视野进发。进步已成比赛，人们开始恐惧：一旦我们放慢脚步去梳理自我，是否就会被时代抛弃？但问题是我们急着去往何方？

在冲向技术的应许之地的途中，人们很容易忘记欣赏沿途的风景：徘徊流连，安静地坐下来思考。当脚踩在油门上，目光聚焦于前方的道路时，人们很难享受当下。

在科技的经纬之间存在着无形的细线，它们是个性、身份、信仰、热情、爱、社群、人际交往和深刻的理解。细线之间的空隙蕴藏着人类的诗意。正是在此地，在未经滤镜修饰的杂乱之中，我们与周围的一切建立起更深切的联结，正是在此地，我们必须寻求跨越技术的障碍，重获工作中的意义。

时机已至，我们该重新衡量何为进步，更全面地思考我们的发展了。倘若我们建造的高科技宫殿脚下不过一片精神荒原，是否还可以将其称为人类的进步？是时候放慢脚步，与周围的世界重新建立联系，享受原生态的混沌美了；是时候举起沉重的铁锤，砸毁禁锢我们的铜墙铁壁，释放真实的自我了。

假使有正确的媒体宣传，路德派本可以成为抵抗运动中人人称颂的自由战士，而不是思想滞后的暴徒和煽动分子。然而与大众认知不同的是，他们并不是技术爱好者，而是工匠和手工业者，只是被迫承担起具有战略高度的劳工活动家这一角色。在专业度层面上，他们担心由非熟练工人在完全机械化的织机上生产的商品会降低行业标准，损害行业声誉。在社会层面上，他们奋力保护的是一种生活方式，是他们作为家庭支柱的地位。路德派明白，为进步付出的真正代价，是个人身份的丧失及其所在群体生命力的衰退。倘若宣传更进一步，我们甚至可以称其为“预言家”。

好了，我该去找我那把大铁锤了。N

心灵流浪者

格特鲁德·贝尔

一位哲学家说，每个人内心深处都有一个流浪者。唉！倘若他说的是人人都愿意将自己想象为一位流浪者，这句格言的真实性恐怕会高一些，因为在现实生活中，只有不到千分之一的人能做到割裂自己与文明社会之间的联系，舍弃习以为常的生活带来的舒适感，丢掉那种安全性足以弥补单调性的生活。然而有时，被束缚的灵魂也渴望自由。当一个人踮起脚尖站在未知世界的边缘，被一个隐隐约约的承诺牵引着，感到目眩神迷时，过往平静的岁月在他眼中就失去了价值。现在的他明白“这世上除了从百叶窗缝隙里照射进来的光，没有天堂”，他渴望站在自由无边的阳光下，这广阔的世界对他巨大的冒险精神来说多少还是局促了些。有那么一瞬间，他被一股激流席卷而去，不再墨守成规，而这激流又暗自无声地浇灌着他的民族之根。他如同他的先辈，成为一位流浪者。他的心随着内心深处先辈沉寂已久的心脏跳动，他们从神秘的东方横扫而来，一路高歌猛进，无所畏惧，直到大西洋海域阴冷的荒原令他们留下。他记得那无垠的平原在他面前伸展开来的样子，那些以穹为庐的夜晚，那些被冰冷的风之吻唤醒的拂晓。他渴望拥有更大的空间，挥动他时刻准备好战斗的臂膀，与上帝的力量一较高下。

来自西奥伦群岛（挪威诺德兰）的安德森一家

照片来源：美国国会图书馆

在数百千米外的里海以南，坐落着一个至今未被公路或铁路打扰的国家。这里山峦巍峨，春天为它披上了番红花和野郁金香织成的锦衣，而夏日的烈阳只留给向阳面少许矮小的荆棘；这里山谷险峻，影子迟迟升起又早早落下，河谷间缀以怪石，冠以奇岩，条条水道刻下了道道疤痕；这里鹰隼飞鸣，山谷的风如同困兽一般，呼啸而过；这里平原空旷，四周被山墙包围，高原绵延，荆棘丛生，荒野连亘，起伏相接，岬角耸立其上，伸向海面。一条河流穿过平原中央，石床深深地切入地下。银鳟鱼从水中跃起，固沙草带的一侧是成片的牧场，牧场位于沙漠正中，牧场中成群的山羊正沿着河岸觅食，顺着低矮之处望去，游牧民族的营地里正升起袅袅炊烟。

这壮观的孤独之景虽然美丽，却不是人们向往的久留之地。春天，鲜草铺满谷底；夏天，凉风吹拂平原。人们在此安居乐业，然而随着初秋的第一阵寒意来袭，人们开始迁至更温暖的地方，离开了从前那片大雪覆盖的高地，只留下野山羊和老鹰独守。今天，即使在峡谷的最幽深处，那里看似从诞生之时起就没有任何生物叨扰过它的孤寂，也还散落着一些黑色帐篷，成群的马和骆驼在溪边吃草，空气中充满了犬吠与儿童的哭声；但明天，这里一切的生命迹象都将消失殆尽——游牧民族已继续前行，寂静如同帷幔一般在群山间蔓延开来，无人知晓下一次撞击墙壁的会是什么声音。

起初，这种景象让你充满了毫无负担的、轻快的感觉。去你想去之处，岩石上不会留下你的足迹；居你倾心之所，山峦是你唯一的见证，你在或不在，它们都抱以同样冷漠的目光。人类居于其中显得那么适得其所，却无力给这山水留下任何文明的痕迹，而群山也无意庇护或满足人类的需求，这为它们添上了一层固执、绝望，乃至阴冷的色彩，咄咄逼人，令人忌惮。渐渐，这种孤独会在你的内心滋长，一种近似敬畏的情感缓缓升起。

我们尚未习惯直面自然。那些在自然界中宣告人类主权的事物，哪怕是最微不足道的，也能给我们带来一定的安全感，例如坡度最小的推荐游览路线，被选定为最佳观景点的绿色长椅，印有“通往瀑布”的大字指路牌，都在告诉你他人认为值得一看的景色。有人曾经来过，为你铺平了道路，你会发现他们在终点等待，为你准备好了休憩之所和食物……然而在这里，除了广袤无路的孤独，空无一物，寂静而凄凉。

游牧民族无法给你带来陪伴感，他们同野山羊一样，对身处荒凉之地毫无察觉。男人们成天躺在帐篷的矮门前，懒洋洋地看着吃草的牛群。夜幕降临时，他们也许会沿着河岸散步，手握着一根弯木做的钓竿，熟练地将钓线甩入河中，等待老实的鳟鱼上钩。此时妇女们则正坐着，或编织黑色的粗布屋顶，或将黄芦苇拧成席子做成墙壁，她们的手法如此灵巧，以至在极短的时间内，一间崭新的住所就在她们的指尖诞生了，令人难以置信。营房

在明媚的阳光下显得肮脏不堪，而当夜幕突然张开手指抹去太阳，露出深邃的天空和斑驳的星辰，营地生活又披上一层如画的神秘色彩。营房间火光闪烁，蹲在地上准备晚餐的男男女女似乎正对着滚烫的灰烬低诉着咒语。当他们站起身来，身形昏暗而庞大，在影影绰绰的星光下，他们的面孔倒映出火光，如同恶魔一般在炽热的火舌和远处的黑暗之间来回穿梭。你感到自己仿佛置身于炼狱之中，那些跳出来冲你狂吠的脏狗，它们的警觉性丝毫不逊色于凶恶的地狱守护犬。一个裸露着脖子和胸部的女人抓住你的袖子，并提出卖给你一碗结了块的奶油或一只尖声鸣叫的家禽。当她把额头上乱蓬蓬的头发甩向一边时，她黑色的眼眸中散发出穿透暮色的光辉。倘若你听信了这位地狱女王，留下共进晚餐，你将永远被囚禁在她阴森的领地。而当黎明破晓，神秘霎时烟消云散。你昨晚路过的终究不过一个沉闷的小营地，而这个衣衫褴褛的女人，莫非真是昨夜的女王吗？

然而日光也无益于拉近你与游牧民族之间的关系——他会询问你的国籍。你是俄罗斯人吗？他问道。可能这是他知道的唯一一个欧洲国家。你试图解释你是英国人，来自遥远的大洋彼岸。看着他仔细聆听的神情，你心里清楚刚才那些话并不足以照亮他无尽的无知。很快，他便会将话题转向他更能理解的事情上。有什么关于沙阿的消息吗？他今年夏天会来夏帕拉斯营地吗？他得病了吗？那可是病啊！当他郑重其事地谈到在当地肆虐的霍乱时，他会表现出极大的恐惧，他说他和他的家人在霍乱暴发之前逃了出来。“病是从那边过来的，”他指着远处的山谷说，“疾病缠上了那里的人，死了十一个呢！他们搬过来以后，又走了两个。”他言辞质朴，但一副阴森可怖的画面已跃然如见。瘟疫以怎样无形的恐惧填满了这不堪一击的营地！死尸以怎样可怖的肃穆挤满了这摇摇欲坠的草屋！恸哭取代了欢笑，尸体被匆忙填埋，所葬何地转眼便将被遗忘！许多南逃的村民打你身边路过，这些逃出死亡恐惧的队伍里，有由孩子们驱赶的一小群山羊和马，背上挂着卷成捆的草屋的几只骆驼，由骆驼驮着的一家之主，以及紧跟其后的走路的女人，一群黄狗围在一辆小篷车周围吠叫，护送着这载满众人所有家当的狭小空间。但游牧民族并不是山谷中唯一的居民，这里还有一两个高级营地。

一位印度王子在这里安营扎寨，当你路过时，他可能正钓着鱼，友好地跟你打招呼："晚上好，先森（先生）。"尽管不过一句称呼，他那贫乏的英语，多少破坏了当地的原生态特色。而波斯贵族们会在每年夏天飞到这个避暑胜地，在河边支起法国或印度产的精美帐篷，在空地上建起马厩，养起三四十匹骏马。每次骑马散步，他们都要带上成队的仆人，就连当去齐腰深的溪流钓鱼"探险"，尽情享受"运动"的乐趣时，仆人也寸步不离。王孙公子还带上了他们的女人，白色的帆布墙将妻女的帐篷圈起，她们看似拥有自由，实则过着被囚禁的生活，而他们的黑奴则是河边常客，那些被悲伤笼罩的身影不时徘徊于此。波斯贵族对营地生活不可谓不了解，他们在山中就和在自家花园、宫殿里一样自在。他们极致的奢华与大自然的壮丽倒也相映成趣。但你终究只是在与游牧民族寻乐，你不会真的留下，当月光照射在你身后的岩壁上时，你总会不自觉想起你熟悉的城市生活和那些手绘的剧场舞台布景，然后又一遍遍试图从脑海中将它们抹去，这让你觉得一切都是如此不真实……

你试图把自己想象成这些游牧民族的同胞，你观察并模仿他们的行为举止，然而这一切都是徒劳。这种生活从头到尾都太陌生、太遥远。你对此半知半解、半爱半恨；帐篷里也没有你的一席之地。就像度假的非利士人用空饮料瓶和食品包装纸玷污了紫色草原的纯净，你的出现就是自然环境里的一粒污点、一种亵渎。

回到你自己的城市，回到你平坦的道路上和井然有序的生活中吧。你们本不是同类。两者间相隔的是无法重来的几个世纪，文明的洋流已经带着你远离了群山永恒的孤寂。N

格特鲁德·贝尔，大英帝国勋章获得者（1868—1926年），英国作家、旅行家，曾游历大叙利亚地区、美索不达米亚、小亚细亚和阿拉伯世界，推动了伊拉克建立并管理现代独立国家。

哲学十三问

简·古道尔

对话赞·博格

简·古道尔博士，大英帝国勋章获得者，是世界知名的灵长类动物学家和保护主义者，她因对坦桑尼亚贡贝国家公园野生黑猩猩行为的里程碑式研究而闻名全球。她是简·古道尔研究所的创始人，同时是联合国和平使者。

你最怀疑的一件事是什么？

我对我们是否能在足够短的时间内迅速缩小人口规模，从而对环境产生重大的积极影响这件事持怀疑态度。我们需要想办法改变世界上相对富足的国家中贪婪、物质主义的生活方式，并缓解严重的贫困问题。

如果你可以改变世界上的一件事，您想改变什么？

如果我只能改变一件事，那么我想减少至少一半的人口，确保以后没有人有两个以上的孩子，除非其中一个孩子死亡。

你被哪种幻觉困扰吗？

暂时还没有。

什么是你生活中的魔鬼？

有人说“酒是我的魔鬼”。当我母亲不得不因帕金森病服药时，她会产生几小时类似吸毒的体验，她称那种药为她的魔鬼。

哪段教育经历对你来说最重要？

我从实践中学到的东西最重要。尤其是我小时候从我的狗身上学到的东西，还有和黑猩猩一起生活时学到的，以及我有了自己的孩子后学到的东西。

你最想问别人什么问题？

你们真的相信我说的“如果人人都行动起来，在为时不晚时扫清可怕的衰退局面，那么我们就可以改变世界”吗？

什么事是你任何情况下都永远不会做的？

我希望我能做到永远不背叛朋友、家人，不杀害动物。但如果我被施以酷刑，例如拔掉我的指甲或者凌迟，那么我也不能确定我能有多勇敢。真到了那种境地，我也无法告诉你我是否还有力量践行我的原则。

如果可以选择，你最后一餐会吃什么？

可口的绿色蔬菜。但如果我知道这是最后一顿，那么我可能什么都不想吃。

你的座右铭是什么？

你的日子如何，你的力量也必如何。

你最喜欢的一个词是什么？

我可能还没有一个最喜欢的词，但我最不喜欢的是“嗯……”或者“呃……”！

怎样算是善终？

在睡梦中死去。如此就不会因为长时间生病给朋友和亲戚带来痛苦，尤其是当一个人生活不能自理的时候。

人们批评你什么？

去问他们！

生命的意义是什么？

我个人的生命对我个人的意义是，活着是我必须完成的任务……但我也可以说生命意味着某种没死的存在，它被带到这个世上，最终都会死亡，至少是肉体上的死亡。

l
e
v
a
r
t